特色小镇文库

CULTURAL
EDUCATION
INTELLECTUAL
PROPERTY

文育IP

陈琼 / 著

经济管理出版社
ECONOMY & MANAGEMENT PUBLISHING HOUSE

图书在版编目（CIP）数据

文育 IP/陈琼著 .—北京：经济管理出版社，2018.7
ISBN 978-7-5096-5889-5

Ⅰ.①文… Ⅱ.①陈… Ⅲ.①文化教育—研究—中国 Ⅳ.①G40-055

中国版本图书馆 CIP 数据核字（2018）第 161125 号

组稿编辑：张莉琼
责任编辑：张　艳　张莉琼
责任印制：司东翔
责任校对：王淑卿

出版发行：经济管理出版社
　　　　　（北京市海淀区北蜂窝 8 号中雅大厦 A 座 11 层　100038）
网　　址：www.E-mp.com.cn
电　　话：（010）51915602
印　　刷：三河市延风印装有限公司
经　　销：新华书店
开　　本：720mm×1000mm/16
印　　张：11
字　　数：113 千字
版　　次：2018 年 9 月第 1 版　2018 年 9 月第 1 次印刷
书　　号：ISBN 978-7-5096-5889-5
定　　价：48.00 元

·版权所有　翻印必究·

凡购本社图书，如有印装错误，由本社读者服务部负责调换。
联系地址：北京阜外月坛北小街 2 号
电话：（010）68022974　邮编：100836

前　言

随着时代的进步和发展,"互联网+"已经成了社会的新形态。在我们对信息社会、数字化时代的到来津津乐道,并惊讶于其发展、享受其成果的同时,不但要关注互联网、移动互联网对各行各业的颠覆和创新,关注其对教育、学校、学习产生的深刻影响与颠覆性挑战,更要关注我们应给予下一代人怎样全新的教育,让他们适应时代的发展,并且具备创造新未来的能力。

"未来已来",教育的新模式的确已经到来。人们已经明白了"终身学习"的意义影响深远。随着慕课、在线教育、幼儿教育市场的火热,翻转课堂等不断涌现的新现象,都让教育人意识到:教育正在从"知识中心、课堂中心、教材中心"走向"以学生个性化学习为中心",而互联网的发展和数字终端的普及,使得知识获取更加便利;社会教育资源的不断加入,也使学习、活动发生的空间和形式不断丰富;国际教育交流更加频繁,教育的相互借鉴和学习的平台也更加广阔。这些都加速了"未来教育"的生根发芽。

教育的新颖化和创新化越是大行其道,我们越是要重视学生们和孩子们的精神教育和人文教育,在互联网和人工智能时代,加强精神文化教育是防范人的异化和疏离的关键。

人文文化、精神文化是一种亘古绵久的社会现象,它与教育相伴而生,相随而长,在漫长的历史长河中,互为前提,互相砥励。文化给教育以社会价值和存在意义,教育给文化以生存依据和生机活力,两者缺一不可。文化有广义和狭义之分。广义文化指的是人类后天获得的并为一定社会群体所共有的一切事物,它包括物质、制度及精神三个层面;狭义文化指的是人类后天习得的并为一定群体所共有的一切观念和行为,主要限于广义文化的精神层面。在研究教育与文化的关系时,一般都是就后者而言的。

教育是社会为其文化的传递和发展提供的桥梁,是文化再生和繁衍不可或缺的工具。教育对文化的保存和维持,主要是通过选择、整理和传递文化来实现。

教育对文化的选择和整理要依据两个尺度:一是社会需要,二是受教育者的心理发展水平和年龄特征。教育所选择的文化,在一定程度上体现了人类文化的精粹,是人类文化宝库中重要乃至核心的成分,教育把这些文化内容进行组织和重构,以受教育者最易接受和理解的方式进行传递,可以使他们在较短的时间内学得较多的文化,掌握社会文化的主体,从而使社会文化体系不致丧失。

基于这样的认识，无论是教育者还是做教育IP的创业者、投资者，在打造一个好的教育IP的时候，要以重视精神文化为导向。

传统教育体系中，有很多知识在学习者日后的生活中并没有什么用，即无法发挥生活价值。如高等数学，那么，这样的知识有没有学习的必要呢？如何辨别具有生活价值的学习和知识？传统教育如何才能突破种种障碍，不断创新教育方法，为学习者提供更实用、更有生活价值的学习？

也许，我们需要以一种新的视角来看待教育，在教育中既关注已知，也关注未知。也许，我们需要一种更具有"未来智慧"的教育视角，在复杂而多变的世界努力培养人的好奇心、启发人的智慧、增进人的自主性和责任感，引导学生积极地、广泛地、有远见地追寻有意义的学习。

目前，中国有3亿家庭面临亲子教育问题，父母用于亲子关系的支出逐年上升。然而，家庭教育仍旧存在着缺位和方法不当的诸多问题，没有育儿经验的年轻父母尤其容易陷入教育孩子的困境之中。据调查，87%左右的家长承认自己有过焦虑情绪，其中近20%的家长有中度焦虑情绪，近7%的家长有严重的焦虑情绪。他们的"爱"很容易转化成"恨铁不成钢"的情绪，不利于亲子教育，因此，教育问题亟待解决。

那么，如何用教育手段去对家长和孩子进行教而化之，教而育之，使其及早接受到好的教育熏陶，并能让家长省心、放心并且不再那么焦虑呢？这是教育者需要考虑的。

• 文育IP •

当然，教育环境和大背景跟每个时代都脱不了干系，但我们可以就教育IP的打造上，追求一种更科学、更适宜孩子学习的人文精神典范，以提高孩子们的认知，达到心智上的提高。

从小学生到年轻人，从K-12到MOOC，在线教育的模式会越来越多。互联网的开放和分享，会激发更多人内心深处的学习愿望，继而通过在线教育平台和其他教育IP获得满足，而"互联网+"的大热，也将进一步推动教育行业的发展。随着在线教育行业的诱惑力越来越大，与行业相关的创业者、参与者、研究者会越来越多。这也是我写这本书的一个目的和愿望，希望本书能够起到抛砖引玉的作用，让读者获得一点启发和感悟。

在人类的文明进程中，智慧一直被视为一种"美德"，而非只是"能力"。智慧是人的一种"入世"而不是"避世"或"出世"的方式，这就是说，智慧是人类在生存世界里有价值导向、有问题意识的知识。

互联网时代的学生们最需要的是有积极价值导向和批判问题意识的思考能力，而不仅仅是获取"客观知识"，即唾手可得的现成信息。以培养这种能力为宗旨的人文教育因此变得比任何时候都更为重要。专业教育可以告诉学生"是什么"和"怎么做"，而人文教育则告诉他们"应该怎么做"和"为什么这样做"。唯有如此，学习才能从"求知识"提升到更有意义和更高一层的"求智识"。

这本书的大概思路就是，我们谈教育，就要将"精神教育"放在第一位，然后分析中国教育现状与施策方向，接下来是文育IP的具体运作，最后以成功范例作为他山之石。

我在《文化IP》和《文旅IP》里都有提及，IP是一个热词，无论是小说还是影视或是动漫，都在打造属于自己的超级IP。而教育的IP跟文化IP和特色小镇IP又有着很大的不同。

教育关乎很多东西，一个教育IP的落地和实施，除了自身具备一定的传播性和变现能力之外，优质的内容、正向的价值观、符合大众审美的文化内涵是我们要不断追求的。

资源最贵，但同时资源也可以是最易获取的。互联网已经把获取资源的渠道都铺平了，一马平川以至于用户既难以选择，又可以以极低的成本自由选择，一旦发现真正满意的资源，忠诚度又非常高，就愿意付出更高的成本。做教育IP应该花时间去研究教学方法、课程设计、人格化表达、场景化铺垫、游戏化教学、用户交互等，而渠道营销，做个SEO，买个关键词，做个宣讲会已经变得很低效，现在分发渠道那么多，还都免费，真正好的资源会一石激起千层浪，没有竞争力的资源就会石沉大海。

有价值的东西才能沉淀下来，才能经过激烈的市场竞争留下来，大浪淘沙后才会剩下真金。

陈 琼

目 录

第一章 文育IP与精神教育 | 1

精神教育决定孩子成长、成人和成才 | 2

重视人文精神，做教育IP | 5

有价值观的文育IP，才能长盛不衰 | 8

传统文化如何打造成教育IP | 12

优质IP，让"文化"走在教育前面 | 15

第二章 中国教育现状分析与文化构建 | 19

幼教市场的教育IP现状 | 20

青少年社会教育现状与对策 | 23

学校教育应当担负什么样的社会责任 | 26

父母面临的教育挑战 | 29

民族教育和人文教育的紧迫性 | 33

如何让孩子树立健康的价值观 | 36

无边界的"互联网+教育" | 39

传统教育的互联网变革及未来 | 42

第三章　科技打造未来中国教育产业 IP | 47

教育产业 IP 化成投资趋势 | 48

互联网时代，边游戏边学习 | 51

在线教育迎来大 IP 时代 | 54

国外在线教育的现状和参考 | 57

依托科技力量，中国教育进入自己打造的 IP 时代 | 59

国漫教育 IP 打造的现状与动力支持 | 62

第四章　如何打造一个好的教育 IP | 67

打造教育 IP 的三大要点 | 68

个人品牌化：突出你的专业形象 | 72

品牌营销化：找痛点、"网红"教师、注意力经济 | 75

粉丝社群化和营销粉丝化：互动、参与、平台│78

泛儿童教育IP品牌的差异化定位│82

如何打造教育IP："小伴龙"的方法论│86

第五章 "教育"与"IP"双属性产品的思考│91

真实的教育需求是IP的存在价值│92

用匹配度运行儿童教育IP│96

IP传播靠媒介，更需要有价值│99

"消费型"教育产品供给使IP变现│102

第六章 发挥IP力量，走好变现之路│107

如何能够更多地占用户时间│108

内容变现，需要"熬"够时间│111

网游模式下的用户交互与行为│113

用专业的人做专业的事情│117

AR教育对儿童教育市场的助力│120

第七章 未来趋势性探索│125

互联网搭台，教育唱戏│126

内容"新颖"是王道 | 130

IP 成长离不开衍生品 | 134

从 IP 背后发掘商业逻辑 | 137

教育核心是讲故事的能力 | 145

自媒体助阵动画 IP 新打法 | 147

教育 IP 也要私人定制 | 152

参考文献 | 157

后　记 | 159

第一章

文育 IP 与精神教育

• 文育IP •

精神教育决定孩子成长、成人和成才

所谓精神教育，就是促进人的精神世界发展、提升人的精神生活质量的教育活动的总称。无论是西方人还是东方人，讨论教育的精神发展问题，已被看成是全面教育中的一个重要问题，如果忽略了这一点，教育将会不完美甚至会导致不成功。

每个人的一生都会碰到困难。有的人碰到困难就萎靡不振，有的人却会从困难中获取人生智慧，这取决于人的精神。一个孩子来到世界，他的教育来自家庭、学校和社会，教育就是要引领孩子不怕困难、具备正向价值观，成为一个有内涵、有维度的人，而这种精神是可以对孩子进行培育的。

精神成长，靠的是精神引领，包括科学精神与人文精神。作家周国平认为，人文精神是教育的灵魂，没有人文精神，教育就没有灵魂，而人文精神之花应该用三种教育来浇灌，即生命教育、智力教育、灵魂教育。在这里我们也可以统称为精神教育。

笔者曾参加"教育的未来——关注孩子的精神成长"教育论坛。多名家庭教育专家、教育学者、名校校长、少年儿童及家长代表等出席了论坛。论坛上发布的《中国孩子精神成长的需求调查》结果告诉我们：每个父母都期盼着孩子长大成人后可以成龙、成凤，但今天，当社会上出现越来越多的"啃老族""草莓族"时，当越来越多的大学毕业生对前途充满迷茫，不知理想为何物时，很多父母不得不意识到——孩子长大并不等于成人！

面对那些身体越来越壮、文凭越来越高，但精神世界始终虚弱矮小的"大小孩"们，所有关注下一代的目光都聚焦到一个重要的教育命题之上——关注孩子的精神成长。

不夸张地说，精神教育决定孩子的成长、成人和成才。

首先，精神教育是情感教育和心理教育。健康的心理是精神生活最基本的要求，健康的心理会影响人的认知能力，而精神生活包含着广泛的文化内容，与日常生活中的情感、动机、人格等密切相关。健康的心理教育能帮助受教育者正确认识自我、排除心理困扰、预防心理疾病、维护心理健康，拥有坚韧的意志和完整的人格。

在我国教育领域中，心理健康作为一种精神生活的内容，还没有引起人们足够的重视，现代人在生活的快节奏、高期望、强压力的背景下，极易产生心理焦虑和情感困扰，影响着人的情绪和心境，这就更需要实施心理健康教育。为什么我们经常看到新闻媒体上报道，不堪作业重负的孩子离家出走，高考不理想的青年学子选择自杀，大学高才生选择用残忍的手段杀害同窗，归根结底是精神教育缺失导致的心理障碍和人格悲剧。精神成长的一个重要任务就是学会处理自己与外部世界的关系。一棵树木是否拥有强大的生命力，最终要看其能否经得住大自然的考验。孩子们接受的所有教育，归根结底都是在为将来走入社会做准备。他们需要了解社会，需要参与社会实践。

其次，精神教育是道德教育和生活教育的重要内容。一个人的道德只有融入社会，与他人发生联系才会体现。只有社会行为规范在个体身上得到反映并制约或规定着个人行为价值取向的时候，才构成个体道德品质。因而，个体道德品质作为精神的表现，便与社会密切联系起来。人们要不断超越自己，必须是在从属于团体的维度上不断去追求生命的真正价值，对自我的超越就是在对团体价值的认同中不断地选择与创造生命的意义。这实际上就是人的精神生活。

精神生活并不抽象，而是与每个人的日常行为紧密地联系着，诸如生儿育女、柴米油盐、上班下班、朋友邻里往来、升职晋级等，在人们的这些日常生活中，无不体现着精神价值对个体行为的引导，也最鲜明地反映着个体道德意识和精神境界。精神教育指向生活，涉及婚恋观、家庭观、生育观、金钱观、幸福观等，它旨在引导人们过一种积极向上、平静安宁、和睦相处、情趣丰富的健全人的生活。用一句话来概括，精神教育是提高人的生活质量的教育。当一个人接受了良好的道德教育和生活教育的时候，他一定是一个情商和智商都达标的人。

最后，精神教育旨在确定并坚守人的精神信念，这是精神教育更高层次的内容。无论从人的精神生活所归属的逻辑层面来看，还是从对人的精神所起的具体作用上来看，所谓精神信念主要是在超越的意义上讲人的精神追求，它既指向人的精神归宿，又指导人的现实精神生活，是人们选择生活类型的根本价值标准。从人的精神构成的要素来看，它是人的精神的内核，表现为世界观、人生观等根本理念。从其对人的影响作用来看，它辐射到人们生活的各个方面，使人的整个精神生活染上一种鲜明的个人色彩，体现出人的个性品质和人格精神。

综上所述，笔者认为，教育首先是精神成长，其次才成为科学获知的一部分。一个人精神丰满，就会求真、向善，做真人、说真话，就会成为一个精神生活丰满的、有价值的人。聚焦于学生的精神世界，理应有灵魂安顿的设计与精神居所的创建，理应源于生活、基于信仰。

重视人文精神，做教育IP

在经济全球化时代，我们常能听到"人文精神缺失"的叹息与无奈。所谓人文精神，在笔者看来，是指人类共同信奉的那些真理性的精神。比如我们常说的科学精神、体育精神、民主精神、爱国精神、社会公平与平等的精神、人道主义精神等，这些精神确保人能自由、幸福且有尊严地活着，有利于人的幸福与社会的进步和文明，其重要性不言而喻。要重建人文精神，根本在教育。或者说，人文精神就是教育的灵魂。教育，不只是

• 文育IP •

知识教育，更重要的是精神教育。

从小学、中学直至大学，一个人所要完成的不只是知识性的系统学业，更重要的是拥有健全而有益于社会的必备素质，这个素质的核心是人文精神。具体到个人，它表现在追求、信念、道德、气质和修养等各个方面。

熔炼人文精神就是培养学生将来走上社会的生存和生活能力。人文精神在知识教学中，体现为教学目标中的情感态度与价值观。这里的情感，不仅指学习兴趣与热情，更是指内心情感体验和心灵的触动。要把"以人为本"的教学理念贯穿于教学的各个环节中，教师在教学中要注重营造良好的情感氛围和育人环境，让知识或技术成为学生方便、快捷、准确获取信息资源得心应手的工具，成为提高信息和知识利用率的有力杠杆。除了考虑所有学生应用知识技能的提高，还应该引导学生"怎样应用知识技能"和"用知识技能干什么"。同时，让学生体验知识和技术的人文性。人文的核心就是"人"。因而在教学的过程中，教师要将学生作为主体，了解学生的学习兴趣以及学习经验，在教学的过程中需要结合学生的生活以及平时的学习经历。以学生可以通过所学的课程了解实际的例子为教学目标，由此不仅可以有效激发学生的学习兴趣，促进学生自主学习的积极性，同时还可以促进学生对所学知识和技能所包含的文化信息的认识。

让孩子体会到任何一种学习，所学到的东西是可以应用到实际生活之中的。很多教育专家有一种共识："科学与人文精神作为两种不同的文化现象，有各自独立的价值与功能，是统一的人类精神活动的两个不同侧面。科学与人文的协调发展，是社会健康发展和个人精神完善必不可少的条件。"

因此，在教学实践过程中，不能只注重学生知识和技能的培养，更要能从情感方面来潜移默化地影响学生，熔炼人文，使学生在轻松愉快的教学内容的指引下，打造人文课堂，灌输人文精神，培养具有人文气息的新时代高科技人才，实现创新教育，链接IP，真正地实现熔炼人文、链接教育IP。

当今教育，关注社会现实中的功利需求太多，关注个体独特的需要太少，于是，教育就陷入功利主义的泥潭而不能自拔。

在精神成长中，教育是通过培养人的较高层次的意识来最终促进人们对现实的理解的。这里的高层次意识，实际上包括理想、信念和审美，是人立足于现实对未来社会和人生的一种向往，并期望通过个人和社会对眼前状态的超越而达到所期望的目标。

无论是想要打造什么样的教育IP，都不能把人文精神弃之不顾，只有重视这种人文教育和精神灌输，才能让一个教育IP走得更远，传播得更深入人心，也更能得到孩子和家长甚至社会的认可和推行。

• 文育 IP •

有价值观的文育 IP，才能长盛不衰

文化教育 IP 正在经历着资本追逐的风口和互联网各大平台的抢滩。相关人士估计，目前在线教育市场规模在 1700 亿元左右，预计到 2020 年将超过 2000 亿元，用户数亿。优质教育 IP 是行业稀缺资源，如何根据自身特点进行优质 IP 的开发及运营成为抢滩者突围的"推手"。

笔者理解的文化教育 IP，动漫是天然的 IP 概念范畴。因为动漫是小孩子最喜欢的内容形式，动漫 IP 模式在中国有了更直接、更接地气的商业模式，就是行业内所说的"产业片"，特指基于形象和产品基础一体化操作运营的动漫商业模式。然而，随着对 IP 价值开发的深入，急于短期变现，透支价值的行为逐渐成为阻碍文育 IP 发展的一个坎。比如，什么火了就拼命上成了业界潜规则。就好比一个电视剧或电影火了，便出现了很多款同名游戏或动漫特质，而没有深挖一个真正文育 IP 的价值。

IP 真正的价值在粉丝对故事中体现的价值观的认同，没有基于内容的形式创新，简单地将一个角色形象或者一个情节抽离出来，加载到毫无关联的动漫或游戏中，是对符号形象价值的透支。IP 追求的是价值、文化认同，所以消费者购买的其实不只是产品的功能属性，更是情感寄托。因此，只要产品身上能够体现这些情感和文化元素，消费者并不会在乎产品

的具体形式。这也是IP衍生品为何具有很好延展性的原因。

从目前的国内原创动漫来看，形成一个知名IP的动漫很少。一个卡通形象的诞生，并不是终点。事实上，品牌是一个流动的概念，它如同一株植物，每一次开发都是一次浇灌与养护。中国动漫人的问题不在于创造力的贫乏，而是对动漫形象后继开发耐心与规划的缺乏。放眼当下，每年国内市场通过漫画、动画市场产出的IP小苗很多，但是长成参天大树的却屈指可数。因为一个品牌的成长需要不断地进行创新，不断地进行开发，才能衍生出不同的产业链，品牌才能日益扩大影响力。

一个好的文育IP，要人格化、要有内容值，有影响力。这样才是一个有价值的IP，才能长久不衰。

打造IP，内容是核心，首先，内容一定要三观正，符合当下社会价值观，可以解决当下人们的需求，对于用户有价值。其次，一个好的IP，一定要有清晰的人格辨识度，主要从个人风格、标签、传播载体来塑造。那些随大流模仿别人的人，很多最后都销声匿迹了，这个时代属于那些有特色、有强烈人格魅力的人物，人们只能记住那些闪闪发光容易辨识的人。最后，影响力不是你拥有多少粉丝，而是有多少粉丝愿意为你付费，现在很多公众号有打赏的功能，通过阅读量和打赏人数这两个指标可以看出有多少人愿意为你付费，高阅读量不一定等同于高赞赏数，主要看作者在粉丝心中的认可度和影响力。

在IP资源暴涨的时代下，一个强大的IP品牌能让消费者清晰识别并

• 文育 IP •

唤起消费者对品牌的联想，进而促进消费者对其产品及衍生品的需求，占有了 IP 就占有了话语权。

一个好的 IP 是具有持久生命力的，从漫画到电影到游戏，再到其他产品，IP 经历多产品、多品类的转化要能经得住时间的考验。要打造持久的生命力，首先就要有准确的市场化定位，能够吸引、承载粉丝的美好情感，与其文化和消费者相契合，以保持强劲的商业价值。因此，将 IP 产品化，通过周边衍生品来做 IP，效果会更好。

在价值 IP 打造方面，以米其林为例，米其林作为一个做轮胎的公司，其转化机制就是将一种美好的生活，美食的特制植入整个公司品牌中，让人们想到米其林不仅是优质轮胎，更是一种优质而丰富的生活。米其林的广告和册子中常会跳出各种美食拼成的米其林宣传图，这无疑扩大了米其林的受众对象，将热爱美食与生活的人群也拉进来，成功地提升一个品牌的可影响范围、传播能力、持续创造力、异化能力提升。如今米其林星级餐厅已经成为高档美食餐厅的代名词。其品牌效力可见一斑。

再看动漫打造的偶像，几十年过去，罗杰斯依旧如有血有肉的真实人物，散发着旺盛的生命力。他的经历、价值观念、生活哲学，对人生的思考、对现状的迷茫、对过去的痛苦，包括故事中的宏大世界，是如此的丰富立体。

2011 年美国队长被重新搬上荧屏后依然粉丝如潮，周边商业再度热销大卖，罗杰斯无疑又一次获得了成功。

这个角色形象就像个挖不尽的金矿，每次进行采掘，都能有新的收获，为什么？罗杰斯也不过是个漫画人物，几十年后，为何依旧栩栩如生，时间在他身上似乎根本没有显示出任何威力。

美国队长、蜘蛛侠等早期角色能活到今天并保持生命力，IP打造起着重要的作用。因此，IP的本质追求的是一种普世意义上的价值认同感和文化共鸣，而不仅仅是故事层面的快感，也不是快速消费后的短暂狂热。

其实，不论是小说创作还是电影领域，早已达成共识，即故事早就写完了，世界上并没有所谓的新故事，但人对情感和文化的追求，哲学层面的思考，则是永恒的命题。因此故事要满足的其实是这个层面的人性需求。

人类普适的价值观、道德观，跨越文化、政治、人种、时间，可以跨越一切。这些东西，一千年前和现在没什么不同。因此任何一个火起来的作品不会是偶然的，所有成功作品，成功IP，都具备这些元素。

真正的IP不但跨媒介、跨行业，也跨越时间。国内市场需要明白，做火一个节目并不意味着做成了一个IP，IP的核心隐藏在故事背后，它不是故事本身，不是品牌，也不是单纯的内容，而是真正带给人的正向、积极的价值观。

• 文育 IP •

传统文化如何打造成教育 IP

我们常把各种 IP 挂在嘴边，无论是文学、影视或是文化旅游，可真正做到让 IP 具有价值的很少。尤其是动漫类的教育 IP，国内成功的案例很少，但是美国人把太极拳、功夫、熊猫、亭台楼阁融合一块儿做成了《功夫熊猫》。之所以把中国的元素做成一个商业动画片并且卖好又卖座，跟中国深厚的传统文化资源是分不开的。无论是融入中国元素的《功夫熊猫》还是《花木兰》，国际电影市场越来越青睐中国传统文化在作品中的展现。连好莱坞团队都注重中国元素的融入，我们更应该多关注，每一个从事文化教育的，想要通过文学、影视、动漫去打造 IP 的人，都应有忧患意识，中国传统文化不能断档，而且传统文化有可能是未来超级 IP 的巨大市场和未来。

当下，创作环境浮躁，如何脚踏实地潜心创作，如何将博大精深的中华优秀传统文化融入到作品当中，考验着每一位文艺创作者。

中国是一个文化资源大国，在祖国山河大地，处处都可以找到蕴藏了几千年历史信息的"文化资源"，既有传统的，也有现代的；既有显性的，也有隐性的；既有神圣的，也有通俗的；既有濒危的，也有新生的，林林总总，不一而足。

第一章 文育 IP 与精神教育

在当代中国文化生活中，传统文化的传承和发展一直面临着很大的挑战。由于文化贸易的迅猛发展以及国际化品牌的普及，小到文具、玩具，大到社区建筑，象征中国本土文化的符号、IP 在当代中国人日常生活中的存在仍然相对弱势，中国当代中产阶级和青年人追逐的"时尚"，还常常以全球化潮流中的欧美日韩强势文化企业为指向。

这对于有志于弘扬中国文化的创业者、投资人来说，既是一个"痛点"，也是一种机遇。在当今市场环境下，要做真正有情怀、有文化涵养的投资人，赚钱没错，但一定不能脱离了传统文化和价值观，这样的文育 IP 才能有市场、有未来。

弘扬中华传统文化是当下社会文化生态的主流，尤其诗词领域风气正浓。以《中国诗词大会》《中国汉字听写大会》《见字如面》为代表的一批电视节目，更是燃起了大众对国学及传统文化的学习热情。这些教育政策与变动的出现，让越来越多的家长更加重视孩子传统文化的学习。

在这方面，"婷婷诗教"打造的教育 IP 值得我们借鉴：

"婷婷唱古文"主要是将古诗谱曲演唱，以歌曲形式帮助孩子记诵。发展至今已上线 100 多首"婷婷唱古文"歌曲，其中收录了中小学必背的古诗词 75 首，在各大 FM 和音乐平台播放，并和许多学校合作将其引入语文课堂。因其朗朗上口，被称为"背诗神器"。

"婷婷诗教"分年龄阶段培养孩子：0～3 岁培养孩子音乐启蒙、感受情绪、语言模仿的能力；3～5 岁培养孩子的语言、绘画、音乐、性格等；

• 文育 IP •

5~12 岁培养孩子的想象力、空间感、文学素养及孩子的十二节成人礼等。除了"婷婷唱古文"和"婷婷诗教"两大产品外,"婷婷姐姐"也在不断地打造古诗词内容的拓展产品,例如教具产品、出版物、线下音乐会、诗教中国纪录片、音乐剧、儿童剧、电视节目等 IP 衍生产品,用更多寓教于乐、易于传播的方式让"00 后""10 后"年轻一代爱上中国优秀传统文化。与湖南省出版集团、SMG 炫动卡通、全国百佳出版社岳麓书社联合,以"婷婷唱古文"和"婷婷诗教"为基础和蓝图,发起"诗教中国"项目,逐步将中华诗词、中华文化传播到更多的地区,延伸至全球市场。

围绕"婷婷唱古文"和"婷婷诗教"还产生了大量的 UGC 内容(用户原创内容),包括用户自己上传的唱古文视频以及自己作的诗、画等。据悉现已有数万儿童用户上传视频,其中不乏海外用户视频。以易学易懂的教学方式,积极开展孩子们可参与的互动活动,提高孩子们的学习积极性。

将诗教中国、诗教中国唱诗班、诗教中国音乐会推广到全球市场,让更多的人了解中国传统文化的智慧和魅力。这就是将传统文化做成教育 IP 的思路和成功之处。

中国传统文化博大精深,远不止古诗词这么简单,如果能在中国文化中挖掘更多的中国元素,结合教育,衍生出更多的产品打造教育 IP,一定会有不一样的收获,这也是未来教育投资的蓝海。

优质 IP，让"文化"走在教育前面

苏联教育家苏霍姆林斯基说过："教育意味着一棵树摇动另一棵树，一朵云推动另一朵云，一个灵魂唤醒另一个灵魂。"他意味深长地阐释了教育行为的本质在于心灵的互动。教育是一种人们发自内心的高尚的文化行为。人类学习文化、传播文化，离不开学校教育行为，而学校的教育必须从心灵的塑造开始。这是因为，文化是人的文化，人应该是有文化的人。缺乏人性的文化，只是一个美丽的空瓶子，同样，失去文化的人性，就像没有血液流淌的躯体。

当我们谈教育，打造教育 IP 的时候，就是用新的观念、新的角度、新的范式去重新阐释和解读，让文化"迭代"和"升级"。

当我们谈论"中国梦"的时候，必须要谈到"文化梦"。文化不复兴，灵魂就没有高度，就谈不上影响力和感召力。而中国文化是什么呢？是当代艺术吗？不是，我们的当代艺术里面充斥着西方文化，很少有自己的东西。

当我们预估中国市场将会成为世界第一大经济体的时候，我们还可以试想一下我们今天的"二胎"政策，当年轻人都在忙于生二胎的时候，我们可以想象，十年和二十年后的中国，又将迎来一大波"人口红利"。这

● 文育 IP ●

对于从事商业活动的企业来说，是令人振奋的，但是对于文化产业来说，却是一个巨大的挑战。挑战在于，中国文化的内容创新能力严重不足。近几年，各大卫视热播的动画片非《熊出没》和《喜羊羊与灰太狼》莫属，而这两部动画片究竟谈了什么？对中国文化有何贡献？中国未来众多的"二胎"人口究竟要"吃"什么样的"文化食粮"长大呢？

所以，无论是做教育还是投资，在打造教育 IP 的时候，一定是文化走在教育前面，这样才能有我们自己的话语权。

生活水平的提高，让民众开始对文化艺术的学习和欣赏有了较大的需求，但传统的线下教育容易受地域、时间、价格等客观条件约束，传统的教学方式也出现了较多的发展"瓶颈"，大大限制了人们的学习热情，不利于推进全民文化普及的发展。相对于传统教学形式，网络教学更具有普及性和创意性。网络直播的出现、动漫的呈现，更是进一步丰富了文化教学，让信息不断有着新的碰撞。文化艺术爱好者可以利用碎片化时间提高自己的艺术修养，更能将全国甚至世界的志同道合者聚集在一起，开展各种探讨，形成具有一定黏性度的社群，为未来的文化作品、复制品、衍生品的开发和销售铺垫好粉丝基础，实现全面的 IP 变现等。

对于机构来说，利用动漫、网络等途径打造一个优质的 IP，这是一种提升传播力的途径，也是一种商业模式；对于大众而言，这是能节省体力、时间、金钱去接触艺术的一种好途径，不仅缩小大众与文化艺术之间的距离，而且对文化艺术教育领域的创新突破起到了推动作用，真正让文化艺术走进千家万户。

作为文创产业的研究者和投资人，我们尤其关注，在中国梦和文化复兴的大战略框架下，中国文化资源如何"接地气"和"动人心"，如何能够 IP 化？我们更关心文化资源的"叙事能力"以及"叙事逻辑"必须吻合"大众心理需要"的逻辑。简单来说，文化资源应该在亲子教育领域、情感关系领域、家庭关系领域、心理咨询领域拥有更强的实践性、实战性和应用性，真正地"经世致用"。同时，结合动漫语言、视频语言、设计语言，创意和研发出更多的文化资源类的动漫、影视、绘本、自媒体，以及各种文创产品。

第二章

中国教育现状分析与文化构建

● 文育IP ●

幼教市场的教育IP现状

IP的热风随影视网剧吹到了早教领域，很多企业通过并购、投资、合作跨界动漫媒体资源公司试图打造独立早教IP或泛娱乐化的IP内容，试图打造IP的粉丝经济，进而打开消费空间。

幼儿教育也有广义和狭义之分，从广义上来说，凡是能够影响幼儿身体成长和认知、情感、性格等方面发展的有目的的活动，如幼儿在成人的指导下看电视、网络学习、做家务、参加社会活动，等等，都可说是幼儿教育，而狭义的幼儿教育则特指幼儿园和其他专门开设的幼儿教育机构的教育。

由于孩子多，师资力量明显不够用，孩子的教育也明显落后，在义务教育阶段，城市地区应试化倾向严重，孩子绝大部分时间全部都用在学习上。很多孩子的生活都是被父母包干，家庭教育基本上有所缺失。一些学校教育要求家校合一，要求家长批改孩子作业，父母限于水平有限，大部分不能配合得很好。随着国家"二胎政策"的全面放开，未来儿童市场依然是投资者热衷的对象。父母和学校越来越重视婴幼童教育，所以，市面上针对婴幼童开发的课程或教育IP可谓眼花缭乱，层出不穷。

在早教领域，以卡通形象为基础塑造的IP为何会深受孩子的喜欢？有一种观点是：当一个产品有了自己的 IP 形象时，比较容易被记住，成为一种富有魅力的人格化形象，孩子可以在形象和故事当中找到自己，从而形成情感上的共鸣。

无论是霸屏的《喜羊羊和灰太狼》及《熊出没》系列，还是其他动画电影和游戏网络教学产品，对比一下中外儿童动漫内容，我们会发现一个奇怪的现象：外国的动画是只有孩子看，如《天线宝宝》、《花园宝宝》、《朵拉》等，中国的动画从来都是合家欢，老少皆宜。"喜羊羊"和"熊出没"成了社会话题，代表了社会某某标签的人群。但是请搞清楚：话题和社会现象不属于孩子，自传播和影响力也不属于孩子，是成年人或者年轻人的网络活跃群体推红了 IP。也有妈妈们或媒体人在评论和声讨，市面根本就没有适合 0~6 岁宝宝的有中国特色的婴幼童 IP 内容，这也使得很多投资人和教育人开始思考，如何去做更好、更符合婴幼童市场的教育产品，让孩子从启蒙开始就受到文化熏陶。打造让家长满意的婴童早教益智内容、产品和亲子生活服务。

教育家卡尔威特认为，教育不应该从长大后开始，而是应该从怀孕前就开始了。我们都知道"3 岁看大 7 岁看老"的道理，所以说 3 岁以前的教育尤为重要。而很多人认为教育就是教孩子认字、学英语、学画画，其实这不是教育的本质，这样的理解是片面的、表面的，学龄前孩子教育的重点应该是培养孩子探索自然的兴趣和能力，沟通和融入社会的能力。正因为如此，幼儿教育的学问更深，需要有更深学问的人来从事这个职业。

随着年龄的增长孩子自主学习的能力不断提高，就像到大学，主要靠学生自学为主，这时的老师应更加轻松。据说日本的教育是博士教小学、硕士教中学，大学生或硕士生教大学生，事实不一定完全这样，但也说明日本对启蒙教育的重视程度比我们要高很多。

目前，国家对于幼儿的启蒙教育也非常重视，国务院办公厅印发了《关于实施中华优秀传统文化传承发展工程的意见》，要求将中华优秀传统文化从启蒙教育开始贯穿于各领域，从幼儿园开始构建中华文化课程和教材体系。

学龄前幼儿主要处于具体形象思维阶段，文字符号的学习不易激发幼儿的学习兴趣。相较于传统的《三字经》《千字文》等抽象文本型学习内容，民间故事、寓言童话等具有图像性和想象空间的内容更适于幼儿感受传统文化。幼儿的学习方式是直接感知、实际操作、亲身体验的，通过音乐、舞蹈、书法、绘画、游戏、曲艺、体育、礼仪，甚至服装、建筑、饮食让传统文化"活"起来，让幼儿可以进入文化情境中，多感官地与传统文化相互作用，这有利于幼儿获得整体的经验，从而成为一个有完整"文化"的人，同时这也是幼儿社会化的重要途径，也给广大投资教育领域给予指引，因此应在分析中国儿童教育现状后，有针对性地做幼儿开发教育IP。

近年来，IP价值正逐渐被越来越多的企业瞩目。由于儿童和教育类产品的特殊性，幼教产品的IP变现也逐步成为主要的商业模式之一。

在幼教领域，以动漫形式呈现教育内容是一种极为普遍的做法。儿童的认知方式和思维方式等因素，让这种以直观画面展示教育内容的方式成为最适合低龄段儿童学习的不二法门。

与动漫 IP 产品相比，幼教产品的 IP 在影响力和生命周期方面仍显弱势，因此如何将用户的购买力落实一直是一个难题。

目前幼教行业与动漫 IP 合作较具有代表性的品牌为巧虎。在巧虎之后，很多类似的产品都在各自的渠道进行了很多尝试，在市场的鼎盛时期，有教育渠道资源的连锁早教和幼教机构进行过"教育材料+动画"这种产品模式的尝试，但不论是品牌影响力还是市场占有率，都不能与巧虎相比。

未来早教类 IP 在国内的市场将具有极大的潜力。但目前在核心质量不过关的情况下，压榨 IP 后诞生的产品往往难以获得良好的市场反响。

青少年社会教育现状与对策

青少年校外教育是我国教育事业不可缺少的组成部分，也是实施素质教育的重要途径，在全面推进素质教育、构建终身学习型社会的今天，承载着对广大青少年进行思想品德教育、培养创新精神和实践能力的重任。

青少年教育主要针对 7~18 岁的群体，根据相应年龄段的身心特点结合其兴趣爱好开发相应课程，以兴趣为指引，因材施教。实现的短期结果为，引导孩子形成良好的逻辑思维，同时激发孩子更多的好奇心和创造力。长此以往，大量垂直细分的素质教育机构将与传统应试教育形成良好互补。"互联网+"环境会使得我国教育生态获得更多多样性。

随着社会的进步与发展，人们对下一代的要求越来越高，对优质教育的需求越来越迫切，对家校共育，社会教育等有了更多的要求。

一方面，社会发展表明一个人仅仅通过学校课堂上获取的知识是远远不够的，需要从各方面获取知识，培养多方面的技能，参加多方面的实践，锻炼和提高多方面的能力，否则就有被社会淘汰的危险。另一方面，现在以及未来一定时期内的青少年大多都是独生子女，平时娇生惯养，喜欢独处，缺少集体意识与团队意识，这对良好性格的养成和人的全面发展极为不利，而良好的教育有助于使他们从封闭的状态中解脱出来，在群体生活中获得更多的发展机会，能够成长为一个人格健全的人。

而现实中，青少年的教育因为受考试升学影响，大部分学校和家长都只以成绩为评判标准，以是否需要考试为导向。为备战考试的无数重复训练几乎会抹杀掉很多人的学习热情。"要考才要学"成了很多学生的必要指标，这样就淘汰了很多值得学习但考试之外的兴趣爱好。

我们发现，对于青少年的教育培养，家长还是按照孩子的方式去培养，但是孩子自身却早已有自己的主见。一方面社会职业高度分工，新职业、新岗位不断产生，另一方面中学生能够通过网络了解更多的信息，所以能够更早对社会有所认知。

因此，笔者认为，面向中学生的职业发展教育将是一个教育机会点。如果在中学生阶段就能够明确未来的职业目标，那么相对于那些大学毕业后再选择就业的人来说，他们提前了7~10年去探索和钻研，而对于一个领域来说，这足以让一个普通人成为该领域的资深人员。当然，对于中学生来说，能够忍受枯燥的练习，并在一个领域深入下去，这需要坚持，也需要自身的喜爱。因此，帮助中学生找到自身的兴趣爱好是一个重要环节，这里的兴趣爱好不仅是让中学生感到有趣好玩的爱好，而且是让他们愿意全身心去投入的爱好。这需要帮助中学生去尝试和体验，去了解不同行业、不同职业真实的生活，让他们能够形成真实社会的认知。

据不完全统计，我国教育市场规模每年都有所增长。未来青少年教育的受益者更多的是"80后""90后"的孩子。"80后""90后"有一个很大的特征就是互联网时代的原住民，他们有着更广阔的视野，能够接触到更多、更新的事物。他们在培养孩子的理念上相对超前，他们注重孩子的素质教育。而二胎时代的到来，为这个市场储备了新的动力。

城市化带来大规模人口聚集，国家政策大力支持，互联网重新配置教育资源，"随迁子女入学"政策实施，教育需求趋向多元化，素质教育有着巨大的市场缺口。那么未来将会有更多的民办机构与学校教育形成互补，市场前景巨大。

针对青少年社会教育现状，我们应该打造怎样的教育IP呢？有以下几点可以参考：

（1）应该说任何产品都有可能做成 IP，对于青少年教育的任何产品都可以做成 IP。

（2）要确定产品种类，比如是动漫、网络剧、舞台剧、文学读物还是线下授课等。

（3）确定目标受众是哪部分人群，小学生、中学生还是大学生等，不同年龄的受众所针对性的设计。

（4）无论是何种形式，无论针对何种受众，产品设计时，优质内容才是王道，内容才是核心竞争力。

（5）当无法持续地提供优质内容，或是内容人云亦云，在互联网时代内容很难做到排他性的时候，就要在形式和包装上多做文章了。

（6）一定要有趣，哪怕是做线下授课，要以体验为主，例如，做趣味科学实验，在玩的过程中学到知识，严肃的说教没人听，有趣才是关键。

（7）类似产品很难让孩子系统学到知识，碎片化更便于孩子们接受，更能激发出孩子们的求知欲，培养出对某个领域的兴趣来。

学校教育应当担负什么样的社会责任

一个孩子从进入小学开始，直到大学毕业，人生最美好的年华都是在学校里度过的，而对于价值观和责任意识的形成也大多来自于学校教育。

教育的责任是对人类的未来负责，也具体体现为对学生的发展负责。学校的岗位责任制要求教师对组织的发展负责，但是教师的伦理自主性是忠诚于专业标准和道德良心。只有当权威不是以武力而是以爱护、情感和孩子内在的接受为基础时，才能对孩子或年轻人实施教育的影响。教育意义上的权威是国家、社会和家长的责任，不论从本体论的角度来看（从引路人的角度来看），还是从个人意义上来看（从孩子的方面来看）都是这样。

何谓"教育"？"教"，关注学生知识的积累；"育"，则是关注学生生命的成长。教育之"道"，即人的身心发展规律和教育教学规律。如果规律是求真的结果，价值是向善的追求，那么教育就是求真、向善的事业。教给学生知识固然重要，但传授给学生知识获得的方法和技巧更重要，能使学生的智慧自由展现。智慧≠知识，智慧需要知识，知识可以生成智慧，但并非所有的知识都能自然生成智慧，即使是很博学的人，也不一定是很智慧的人。智慧≠智力，智慧包含智力、技能、能力等因素，但智力、能力却不是智慧的全部。智慧是智力、能力、精神等整体生命的一种存在。智慧必须是个体凭借着已有的知识、经验、常识等去亲历、去感受、去体验、去发现、去顿悟、去生成的。

教育是为世界培养后继人才。因此，教育必然具有一种责任伦理意识。教育者应该具有高度的责任心，他们顾及的后果不是或不仅仅是影响

• 文育 IP •

自己的后果，考虑更多的是他人或群体的利益，甚至是人类的利益，所以它又有一种道德含义，体现人类的一种尊严。这种历史使命感就是要求教育者本着为民族和社会的未来负责的态度和使命感去从事教育。

当前全球化趋势下国际竞争日趋激烈，教育是民族国家竞争的基础。经济全球化带来了对民族文化独特性的消解和青少年对民族国家的虚无主义态度。因此，强化培养青少年对民族文化传统的认同感，培养新一代中国人的历史使命感仍是当代学校教育所必须担负的历史重任。同时，教育也是文化传递的重要手段。把现存社会习俗加以净化和理想化，是学校重要的功能之一。

叶圣陶先生曾说过："教育是农业而不是工业。"教育和种地，虽是不同的两个问题，但有很多相似性。首先农业和教育两者的对象都是鲜活的生命，每个生命都有特殊性，都应特殊对待；其次农民种地和教育人两者都需要精耕细作、耐心等待、慢慢欣赏，方能收获硕果；最后农民和教育的对象可塑性较大，都易受环境因素影响，要根据不断变化的环境特点，寻找最佳时机，创造最好条件，满足其健康发展的需要。

教育如同农业，必须顺应天时，遵循规律，尊重自然，汲大地之精华，历经自然而漫长的蜕变，方能有预期收获。植物生长需要阳光、空气和水土，学校教育需要理念、气场和课程。作为学校，需要给学生营造生长的良好氛围，顺应发展的天性，激活孩子学习的热情，让学校成为孩子学习的乐土，使其自由呼吸，自由成长。

教育的根本目的是培养真正的人，人的成长重要的是精神成长，其实质上是在环境影响下的成长。教育是在学生人生成长的过程中，在丰盈的精神支持下教给学生进行正确的选择。学生精神成长也不是一蹴而就的，精神成长的过程缓慢。成长是生命的复杂历程，它是体验、经验，是改造、是发展。教育是规范与引导知识教育，塑造"知识人"的教育，实行的必然是规范教育。从知识走向智慧的课堂教学，是对教师和学生规范性生存的一种超越，即从规范性存在走向创造性生存，用智慧和创造来充实、支撑、引领师生们的生存。学校从管中起步是必要的，但在形成基本规范之后，一定要及时转型，内在驱动，文化引领，从他律走向自律，从被教走向自教，从人管走向自管。使学生的一切言行都是出自内心的招引，使学生的学习动力源于无穷的精神力量。

做到这些，学校才真正承担起了给社会输送具有文化知识、精神内涵的真正人才的社会责任。

父母面临的教育挑战

这是一个伟大的时代，互联网和移动互联网把67亿人连接在一起。人与人之间的距离从未如此接近，我们正身处人类前所未有的变革中。这是一个疯狂的时代，为了第一时间购买苹果手机，粉丝提前十多天排队。微信可以让几亿人使用，而且还是免费；打车软件为了让人使用，甚至直接给用户补贴钱。这更是一个创造奇迹的时代，阿里巴巴上市一夜之间，诞生了数万名百万、千万富翁。

正是这样的时代，对父母提出了更高的家庭教育要求，一项最新调查结果显示，家庭教育面临互联网发展的新挑战。互联网普及是大势所趋，孩子上网率近七成。66.8%的父母说自己孩子上网，农村孩子上网率达到57.7%。父母在互联网应用上不具优势，坦承"孩子比我强"和"我跟孩子不相上下"的超过六成。互联网、智能手机俨然已经成为多数人的"必需品"，不少小朋友也变成了"手机控"。

互联网对孩子的影响，让父母喜忧参半。不可否认，虽然互联网打乱了传统意义上学校、老师、学生和家长之间的连接关系，但是学生获取知识的途径大大增加，给教育带来了便利。许多课堂教学和课后辅导，都借助了网络的便利性。但是，也有许多家长和老师反映：互联网给教育带来了便利，也给教育带来了新的挑战。

挑战来自于未成年人的自控力和网络状态整体出现的不健康或不利于孩子健康的知识，社会文化难辞其咎，在这样的状况下，家长们该如何应对？父母必须从自己做起，率先自我改变。除了改变家庭教育的基本观念，还需要改变家庭教育的内容，把教孩子做人作为首要任务。教孩子做人的具体内容包括：①要教孩子做一个文明礼貌、通情达理、身心健康的人；②做一个充满理想，具有积极进取精神的人；③做一个热爱生活、热爱生命，对自己、对家庭、对社会负责的人；④做一个有独立思考能力的人；⑤做一个均衡发展、全面培养的人；⑥做一个有强烈的自治自律意识、遵纪守法的人。

据一项"高新科技对学生的影响"的调查显示，与电脑为伴已经成为多数中学生课余生活的主要内容之一。不少家长常常感叹：现在父母对孩子的事情知道得越来越少了，而孩子对父母的事情知道得越来越多了。由于现代社会节奏非常快，家长们通常过分关注孩子们的学习成绩，而忽略了与孩子们在思想、情感上的沟通与交流，两代人之间的隔阂普遍存在。复旦大学高等教育研究所副所长熊庆年指出，在这样的大环境下，孩子们始终感到压抑，需要一个出口，于是网络便成为一个很好的宣泄渠道。由于网络没有时空、地域、背景、年龄、性别等方面的约束，孩子们很容易沉迷进去而不能自拔。

如果网络教育不能给予孩子健康、积极的引导，加之父母对其疏于管教，那么，孩子就会沉迷于网络而迷失方向。

诚然，网络的普及和发展是把双刃剑，有知识获取的便捷通道，也有不可避免的负面影响和干扰，这就需要父母努力提高自身的素养和知识面去引导和影响孩子，我们要意识到，现代媒体进入家庭，不只给两代人带来了冲突，也给两代人带来了沟通的机会。信息的流通，使家长不再是家庭中知识或信息的权威，也不再是正确观念的代表和孩子社会化的唯一指导老师，因此，从实质上改变中国传统的长辈与晚辈的关系，促进家庭的民主，使两代人变得平等起来，关键是一直接受传统教育观念的家长们，如何在理解和适应这种"平等"、与孩子们寻求共同语言加强沟通交流的同时，不失时机地以自己丰富的人生经验和社会阅历正确引导他们。

一些社会学家们也在呼吁，网络社会包含着公平、理解、平等和超越，而非过去的权威、听从、规矩和控制。网络时代的父母若能够放下架子，像要求孩子一样要求自己努力学习，更新知识，像重视孩子学习一样重视培养和训练他们的思考和辨别能力，加强对孩子的人文关怀，则能从思想根源上解决孩子被网络带偏、沉迷网络等不良事件的发生。

作为"互联网+"时代的父母，如何在孩子的日常生活中，理性、科学、人性化地引导孩子培养终身学习的习惯，是所有父母应该面对并去解决的课题。

身教重于言教，在使用网络时，家长应处处严格要求自己，要求孩子做到的自己首先做到，给孩子做出表率。要结合生活实际，运用正反面事例分析，让孩子认识到网络是一把"双刃剑"，结合具体事例的分析引导，让孩子在接触网络的过程中有选择意识、防范意识，可以自觉躲避不良信息的侵袭。

民族教育和人文教育的紧迫性

随着我国社会经济的快速发展，社会对人才的需求已经从单一技术能力的要求转化为对人才综合素质的要求。未来走上社会的学生不仅要具备娴熟的职业技能，还必须具备良好的人文素质。当前我国各类院校学生整体的人文素质现状不容乐观。无论是从学生个人的成长成才，还是从高职院校自身的整体发展，甚至是从社会发展的角度和理论意义上来看，人文教育都具有非常重要的意义，必须引起我们对人文素养教育的重视，促进学生全面发展，也使我国传统美德和价值观念得以继承和发扬。

传统文化是一个民族的灵魂，是一个民族的精神。国学大师南怀瑾先生感叹："一个国家、一个民族重在文化的传承，最可怕的是一个国家和民族把自己的根本文化亡掉了，这就会沦为万劫不复，永远不会翻身的境地。"

作为东方的文明古国，在漫长的历史发展过程中，形成了博大精深的民族传统文化，它的精华，不仅在中国几千年的历史中光辉灿烂，推动了历史的发展，促进了社会的进步，而且在新的历史条件下，虽然面临着西方文化的强大冲击，中华民族的传统文化仍然有其旺盛的生命力，并且日益受到亚洲乃至全世界范围内众多的国家和人民的关注和重视，越来越多的国家和城市设立孔子学院以及兴起的汉语热就是最好的证明。人们正在研究，为什么四大文明古国中唯独中华文明得以五千年不断地延续下来。那么，作为炎黄子孙的我们是否应该更加热爱自己祖国的传统文化，并且为祖国文化的繁荣昌盛贡献一份力量呢？答案是肯定的。但事实上由于各种原因，我国青少年对传统文化的了解越来越少，对传统文化的认识也越来越浅薄。作为教育者，如何让青少年了解传统文化的精髓，如何让中华民族优秀的传统文化博大精深的内涵，尤其是它所蕴含的人文精神和民族精神在青少年心中形成积淀，去影响他们的价值观、人生观和世界观，就成为我们实施素质教育的重要课题。

　　文化是一个动态的概念，是一个历史发展的过程，既具有地域特征和民族特征，又具有时代特征。所谓传统文化，《文化学辞典》上是这样讲的："由历史沿袭而来的风俗、道德、思想、艺术、制度、生活方式等一切物质和精神文化现象的有机复合体。"这里所讲的中国传统文化，是融合了中华民族各种思想的文化，是包括了各种观念形态和物质形态的文化。中国传统文化作为中国文化的主体部分，是我们从先辈传承下来的丰厚的历史遗产。它记录了中华民族和中国文化发生、演化的历史，并且作为世代相传的思维方式、价值观念、行为准则、风俗习惯，渗透在了每个中国人的血脉中，制约着当今中国人的行为方式和思维方式。

　　我国的传统文化，是中华民族在五千年历史长河中不断发展、创造形成的物质文明成果与精神文明成果的总和。其刚健有为、自强不息、重义轻利、诚实守信、兼容并包、强调历史使命感与社会责任感等精神内核，对培养和提高人的思想、文化、审美和道德素质有着极其重要的意义。当前，随着全球化浪潮带来的文化趋同日益加剧，信息化技术对文化认同感消解日益严重，大众文化对传统文化精神消解和侵蚀日益突出，传统文化作为民族的根本文化也受到了巨大的冲击。因此，作为文化传承主阵地的教育，在深入了解当前学生传统文化素质现状的基础上，积极探索传承与弘扬传统文化的途径与方法，显得十分必要与迫切。

"教"的意思是"上所施，下所效"，"育"的意思是"教子使做善"，教育的根本任务是"长善而救失"，但如今我们的教育却只重视"知识和技能"的传授。特别是在经济全球化和文化多元化的今天，我们青年一代的身上本应具有的"仁义礼智信""温良恭俭让""恭宽信敏惠"等优良的传统品性正在悄然消失。这不能不说是中国传统教育的悲哀。所以我们应该加强传统文化的教育，传承中华民族的灵魂，不要丢了我们最宝贵的财富。

中国有着两千多年的文明史。从春秋开始，以孔子为代表的儒家思想就占据了中华民族文化的主流，在西汉时发展到鼎盛并影响至今。儒家文化不仅影响了中华民族两千多年，也对周边的东亚一些国家的文化和教育的发展产生了深远的影响。文化的传承性，使得我国的传统文化至今仍对教育乃至高等教育有着重要的影响和启示作用。任何文化都可能成为一个民族、一个国家前进的基石，也可能成为阻碍社会发展的拦路石。所以我们要批判性地对传统文化进行继承和发展，取其精华，去其糟粕，合理利用其中好的东西，用马克思主义唯物辩证法，将不合时宜的改造成符合现代社会及教育需要的，以此来发展我们的教育。

总之，现代教育需要继承一部分传统文化中的精华，又要在传统的基础上加以创新，培养 21 世纪的人们应该具有的信息素养与开拓创新精神。

如何让孩子树立健康的价值观

近年来，关于"80 后""90 后"的生存状态、价值取向等问题成为国内舆论的热点，各种新名词也层出不穷，如月光族、啃老族、蜗居族、麦兜族……反映了这一代人的尴尬境况。教育专家指出，青少年的价值观是影响他们确定行为目标、选择行为方式以及解释行为结果意义的核心因素，社会、学校和家庭要予以充分重视。

培养孩子的价值观对孩子的健康成长非常重要。正确的价值观可以让孩子少走歪路，价值观的树立不是一蹴而就的，需要从小认真培养。一个良好的价值观影响孩子的一生，所以，对于 12～18 岁年龄段的青少年来说，全方位价值观的培养势在必行。

据报道，德国人在培养青少年价值观方面追求的是自我发展，是个人独立性的提高。家长认为独立性和丰富的想象力是孩子应该具备的素质，相反，许多原来被公认的社会价值，如顺从、勤奋、大公无私等，已经得不到家长的认可。德国青少年重视安全和谐的生活环境，珍视人与人之间的情谊，对财富和权力态度淡然。有调查显示，德国青少年认为世界和平、生活和谐及真挚的友谊是人生最有价值的。

价值观培养的目标是培养青少年具有客观的认知能力和良好的行为。这些价值观包括容忍、信任、相互尊重、激励、同情、谦逊和尽力而为。笼统地说，就是"做一个好公民"，具体的目标有尊重自己、尊重他人、尊重他人财产、尊重环境等，并细化为如何倾听、如何打招呼等。

澳大利亚著名教育学家希尔将价值观教育概括为以下五个方面：第一，使学生获得建立价值观的典型知识，以有助于形成当代文化；第二，使公民意识成为学生认知和情感的重要部分，使他们坚定地奉行这些价值传统；第三，发展学生批判性和鉴赏性的价值观评估技能；第四，发展学生价值协商、道德决策的技能；第五，鼓励学生关心社区（团体）及成员的能力。他分析指出，所谓有道德的人，是遵循道德规则，履行社会规章，具有处理人际事务的理性自律和选择的自主性的人。

从来源和基础方面看，任何人的价值观都不是凭空产生和改变的，归根结底它反映了人的社会存在，即生存方式、生活条件和实践经历等特征。价值观的深层基础是主体的根本地位、需要、利益和能力等具体情况，是人的价值生活在头脑中的反映和积淀。

价值观是人和社会精神文化系统中深层的、相对稳定而起主导作用的成分，是人的精神心理活动的中枢系统。正确的价值观不但个人要有，集体、阶级、民族、国家和社会更要有，不但在眼前一件件具体事情上反映出来，更在人生事业以及社会发展大方向、大决策上显示出来。

当下对于青少年的教育，都在大力倡导要确立孩子核心的价值观。价值是一种文化赋予。

文化具有三重性质：

第一重性质是生活方式，即以习性、习俗、习惯、态度来维系工作、生活模样的生活方式。

第二重性质是集体人格。以思想性品质、道德、底线等反映出来的领域、地方、行业的群落人性特点。谈到文化的时候，就可以从集体人格来谈一个团队。为什么我们说团队而不说群体呢？群体在很大程度上是松散的，而团队一定是有志同道合的一面，有共同相似处的一面，有共同的奋斗目标，乃至互相之间有吸引的一面。因此，有没有集体人格，有的时候能代表我们的单位、我们的行业或者我们某一个部门的文化特点。

第三重性质是精神价值。令内部自信、自豪，让外部羡慕、向往的思想内容。

生活方式、集体人格和精神价值构成了狭义层面上的、旗帜和灵魂层面上的文化。也就是说，三个本质是文化生命存续的标志，是它与其他文化的区别之处，是特定文化力的核心所在。

被赋予了文化的价值是人、物品、服务、项目市场博弈的基础条件，而且价值已经成了个人行动、部门行动、国家行动的一个前提。

　　正向、科学、健康的价值观对一个人的生长和生活，甚至未来的人生都有非常重要和非凡的意义，所以，通过文化构建去培养一个孩子正确的价值观，是我们要追求和必须考虑的。

无边界的"互联网+教育"

　　"互联网+"时代席卷而来，为各行各业带来深刻的变革。它和教育碰撞出炫目的创新之光，在这个时代大放异彩。"互联网+教育"打破了时间的边界，让学习变成碎片化的过程，它突破了空间的局限让学习不止于课堂，它缩短了年龄的差距，让不同年龄甚至不同背景的人享有同样的学习机会，它消融了虚拟和现实的阻隔，让线上和线下的教育互通……

　　毫无疑问，中国社会在形态上已经进入信息化时代，无论是网民数量还是网络经济发展的速度，均堪称世界第一。可以说，"互联网+"在中国的迅猛发展，不但提升了一个又一个传统行业的层次，也给每一个人带来了机遇、希望与挑战。那么对于中国教育领域，"互联网+"又意味着什么呢？那就是教育内容的持续更新、教育样式的不断变化、教育评价的日益多元，一言以蔽之，中国教育正进入到一场基于信息技术的更伟大的变革中。"互联网+学习"创造了如今十分红火的移动学习热潮，但它绝对不仅

● 文育 IP ●

仅是作为简单的即时随地可学习的一种方式而存在的概念，它代表的是学生学习观念与行为方式的转变。通过互联网，学生学习的主观能动性得以强化，他们在互联网世界中寻找到学习的需求与价值，寻找到不需要死记硬背的高效学习方式，寻找到可以解开诸多学习疑惑的答案。

随着移动互联网的发展，微学习陆续出现，人类已经进入到了"微时代"。慕课、翻转课堂、微课的出现，表明学习的"微时代"已经来临。以微课为例，微课的时间要求是 3~8 分钟，这样的时间限制是符合人类注意力和集中力规律的。同时，微时代也让学习变得更为便捷，学习者可以利用碎片化时间，如等公交、排队、上厕所等时间，随时随地进行学习，我们称这样的学习方式为"微学习"。微学习具有以下三个特点：一是简单高效，由于时间有限，微学习去掉了学习过程中的冗余部分，只学习知识点中核心的、精华的、有用的、经典的部分，而那些烦琐的、无用的、陪衬的、过时的内容则不作为学习内容。二是生动有趣，微学习一般是在线学习，为了吸引学习者的注意力，经常采用有吸引力的语言，同时辅以图片、声音、视频等形式，或者采用互动游戏的方式，有些课程甚至借鉴好莱坞大片的形式制造悬念、增加笑点，让学习者感受到愉悦轻松的学习氛围。三是方便快捷，微学习可以通过移动终端，随时随地进行，只要通过手机、iPad 等设备，可以在一天内的任何碎片化时间学习 5~10 分钟，积少成多。

当今时代，在互联网和教育产业不断碰撞融合的作用下，教育产业在技术方面发生了翻天覆地的创新，同时教育的观念、教学的方式以及对于人才的培养方面也产生了很大的改革，越来越多的人开始投资教育产业。

互联网打破了传统教育机构对教育的垄断，不论身处何地，互联网上的教育资源人人都可平等享用，也就是说教学活动不再局限于学校内，就如预测的那样，未来的教育不再单纯地面向学校里的学生，而是面向全社会。网络教育使人们增加受教育机会成为可能。

在互联网时代，教学模式的研究呈现多元化和现代化的特点。信息技术与网络使得知识呈现方式更符合学生认知需求，教师的知识权威地位逐渐被打破，个性化学习成为可能。就拿英语学习来说，传统的课堂上，教师把英语当作一门科学来教，而非当作一门语言来学习，培养了大批的英语"哑巴"。一个英语学习平台聚集了世界各地英语国家的优质外教，学生打开电脑自选外教，自选时间，自选课程，完成约课后就可以和外教进行面对面一对一的学习；教学完全以学生为核心，学生可以根据自己的喜好、自己的状态预约适合自己的外教，这种以学生为核心的教学模式，以学生为中心，才是真正的因材施教。

"互联网+教育"不是一个简单加总，加完之后一切都会发生改变。互联网是刀、是斧、是锯，将原来的一切都分解成碎片，然后再以互联网为中心重新组建起来，形成新的体系、新的结构。"互联网+教育"的本质就是知识的碎片与重构，教学手段、教学方法、教学过程到教学内容，乃至教育观念和教育目的都会发生全方位的深刻变革。未来，整个社会将被互联网连接为一个整体,一切事物或多或少都要经历一个从碎片化到重构的过程,这大概就是"互联网+"的全部内涵。

"互联网+教育"的结果,将会使未来的教与学活动围绕互联网进行,老师在互联网上教,学生在互联网上学,信息在互联网上流动,知识在互联网上成型,线下的活动成为线上活动的补充与拓展。

未来的教育是线上、线下大融合,不存在互联网教育和非互联网教育之分,未来两者都是高度融合的。最终目的是为教育提供最好的解决方案。尊重教育规律,坚持教育本质,拥抱互联时代,专注服务学生,只要做到这四点,教育的新时代一定会来临。

传统教育的互联网变革及未来

互联网对教育的变革不仅体现在知识获取方式以及教学模式上,最重要的是围绕各个环节形成了一个健康的、可持续的在线教育生态链。为学员提供超出预期的学习体验,回归教育本真,才是情怀之举,制胜王道。这就要谈到"互联网思维""互联网模式"这个话题。互联网创造出一个个传奇神话,各种颠覆,改变的不仅仅是传统产业链,更是颠覆了人们的世界观和行为方式。

一所学校、一位老师、一间教室,这是传统教育。

一张网、一个移动终端，几百万学生，学校任你挑、老师由你选，这就是"互联网+教育"。

"互联网+课程"，不仅仅产生网络课程，更重要的是它让整个学校课程，从组织结构到基本内容都发生了巨大变化。正是因为具有海量资源的互联网的存在，才使得中小学各学科课程内容全面拓展与更新，适合中小学生的诸多前沿知识能够及时地进入课堂，成为学生的精神套餐，课程内容艺术化、生活化也变成现实。

通过互联网，学生获得的知识之丰富和先进，完全可能超越作者。除了对必修课程内容的创新，在互联网的支持下，校本选修课程的开发与应用也变得天宽地广，越来越多的学校能够开设出上百门的特色校本选修课程，诸多从前想都不敢想的课程如今都成为了现实。

"互联网+教学"，形成了网络教学平台、网络教学系统、网络教学资源、网络教学软件、网络教学视频等诸多全新的概念，由此，不但帮助教师树立了先进的教学理念，改变了课堂教学手段，大大提升了教学素养，而且，更令人兴奋的是传统的教学组织形式也发生了革命性的变化。正是因为互联网技术的发展，以先学后教为特征的"翻转课堂"才真正成为现实。同时，教学中的师生互动不再流于形式，通过互联网，完全突破了课堂上的时空限制。学生几乎可以随时、随地、随心地与同伴沟通，与老师交流。在互联网天地中，教师的主导作用达到了最高限度，教师通过移动终端，能即时地给予学生点拨指导，同时，教师不再居高临下地灌输知识，更多的是提供资源的链接，实施兴趣的激发，进行思维的引领。由于随时可以通过互联网将教学的触角伸向任何一个领域的任何一个角落，甚至可以与远在千里之外的各行各业的名家能手进行即时视频聊天，因此，教师的课堂教学变得更加自如，手段更加丰富。当学生在课堂上能够获得他们想要的知识，能够见到自己仰慕的人物，能够通过形象的画面和声音解开心中的各种疑惑，可以想象，学生对于这一学科的喜爱将是无以复加的。

除了教师教学的改变之外，学生的学习模式和心态也发生了根本的改变。大势所趋，学会学习和终身学习是信息社会对公民的基本要求，互联网技术与教学的整合，迎合了时代的要求，在培养学生树立终身学习的态度上有独到功夫。这种整合，使学生具有主动汲取知识的要求和愿望，并能付诸日常生活实践，能够独立自主学习，自我组织、制定并实施学习计划，调控学习过程，能对学习结果进行自我评估。这无疑是学习方法上的一种革命变革。

在"互联网+"的冲击下，教师和学生的界限也不再泾渭分明。在传统的教育生态中，教师、教材是知识的权威来源，学生是知识的接受者，教师因其拥有知识量的优势而获得课堂控制权。在"互联网+"时代，学生获取知识已变得非常快捷，师生间知识量的天平并不必然偏向教师。此时，教师必须调整自身定位，让自己成为学生学习的伙伴和引导者。所以未来的教师很可能分为两种：一种是线上讲公开课的明星教师，另一种是线下的辅导教师。

"互联网+"对教育资源的重新配置和整合。一方面，互联网极大地扩展了优质教育资源的作用和价值，从传统的一位优秀老师只能服务几十个学生扩大到能服务几千个甚至数万个学生。另一方面，互联网"联通一切"的特性让跨区域、跨行业、跨时间的合作研究成为可能，这也在很大程度上规避了低水平的重复，加速了研究水平的提升。在"互联网+"的冲击下，传统的因地域、时间和师资力量导致的教育鸿沟将逐步被缩小。

有变革一定有阻碍和不足，互联网使得传统教育发生了变革，那么，又有哪些不足呢？

资源泛滥、鱼龙混杂、标准不一、缺乏整合，大量名师、专家优质教育智慧和思想反而被网络淹没，覆盖率很低，这些都是教育行业目前面临的最突出问题。互联网时代，教育趋于高度开放共享，尤其是K-12（指从幼儿园到12年级的教育）阶段，知识体系非常稳定，优质教育资源将逐步走向免费，企业做在线教育本身空间不大。大量企业和创业者匆忙涌入，重复生产一堆"鸡肋"式产品，鲜有突破创新之处，造成了产业误区和虚假繁荣。经过多年努力，普遍遭遇盈利困局，行业前景堪忧。现实中，一些产品普遍存在诱导、捆绑学生家长强制消费，完全变成了商业化的产品，影响恶劣。企业对"互联网+教育"的认识远远不够，没有专业理论和核心价值体系做支撑，不懂教育需求，和实际应用脱节，没有真正体现"互联"属性。

• 文育 IP •

一个行业如果是因为互联网而去变革,一定是出现了标杆性的入口级平台。这样的产品不是眼下热议的智慧教育、未来课堂、教育大数据等,而是基础应用平台的统一化和标准化。应着重建设网络学习空间、教育资源公共服务和网络课堂等平台,在"互联"二字方面重点突破,在理念、产品、技术等方面大幅重构,形成一个"核心入口",逐步实现教育领域全要素的互联,使"互联网+教育"的推进更加精准和可靠。那样,才是真正教育的春天,也才能真正实现"互联网+教育"的落地和构建。

第三章

科技打造未来中国教育产业 IP

• 文育IP •

教育产业IP化成投资趋势

投资教育产业一直是投资界比较热衷和看好的,尤其随着人们教育意识的提高和生活水平的提高,家庭对于孩子的教育投资也有所增加,使得投资领域也看好教育这一领域,把教育产业打造成IP成了热门趋势。

所有的教育板块在过去的3~4年都保持着非常强劲的增长势头,在这当中,增速最快的是青少年的高端英语培训、K-12双轨制学校和课后辅导市场。事实上,一般行业平均增速基本在13%左右。具体而言,每个细分板块,实际上它背后的驱动因素都不太一样,比如,青少年的高端英语培训和K-12的双轨制学校,主要的驱动因素就在于,大家为出国留学提前做的准备,也包括大家把英语作为一门终身技能的学习需求等,这些都驱动了这两个板块的增长。但是,课后辅导这个板块不太一样,实际上整个行业的增速是因为教育行业已经开始整合了,主流连锁制的课后辅导机构都能够通过大量的市场营销投入和自己的布点,去蚕食一些中小型机构的市场份额,这个板块也是过去增长非常快的一个细分板块。除了教育行业自身的不断发展和良性循环之外,国家对于教育政策也表现出非常大的改革。比如,《民办教育促进法》的修订,还有各个教育支线的一些法律法规的制定,在国内引起了热议,最新的政策变化总体是积极向好的。一方面，国家放开了对营利性组织的控制，明确了之前的很多灰色区间，唯一保留非营利性质的就是义务教育阶段。另一方面，这个实际上并不是中国内地特有的情况，包括中国香港地区，以及很多东南亚国家，我们都看到过很多这样的情况。

那么，在学前教育和义务教育这一阶段打造一个优质的教育IP则是一项非常重要的投资。

学前教育也是发展中国家与发达国家共通的一个市场。在发达国家，尤其像英国、美国、澳大利亚这样的国家，政府鼓励妇女外出就业，同时，政府为了提升妇女的就业率而做出一系列的服务配套，比如，积极鼓励一些幼儿园集团连锁经营等，像美国最大的 Kinder Care、英国领先的 Busy Bees、澳大利亚领军的 G8 等大型学前教育机构，大多是帮大型企业解决员工子女入学的一些配套服务等。另外，在发展中国家，更多的家长希望孩子能够更早地学习英语，能够熟悉这门语言。在中国，则演化成为一个中高端收费的幼儿园，而且，中高端市场作为幼儿园里的一个细分板块，每年还在以20%~25%的速度在增长。我们觉得，未来这个板块还将是一个可持续增长的细分板块。

目前从整个教育市场来看，早教市场目前对于IP的应用和思考明显更加前沿。从2010年开始，儿童应用市场就开始以内容APP为核心，渐渐形成了一系列的互联网教育IP形象，例如，宝宝巴士和Dr. Panda都是以熊猫作为主体形象，贝瓦选择的是一只河狸，多纳选择的是一只狮子，铁

• 文育 IP •

皮人选择了小鸡 JoJo，"小伴龙"本身就是一只可爱的西方小龙，显然，这些创业者们都在塑造着自己的全新教育 IP。

2017 年 11 月，国务院办公厅颁布《关于深化产教融合的若干意见》，提到了鼓励企业和鼓励社会资本去参与到教育中，包括教材内容设计、投融资、产业链整合，是一个非常系统、非常完整的文件。产教融合不是新词，上市公司投资教育行业有两种常见方式：一个是直接投资，另一个是基金杠杆。现在越来越多的上市公司利用基金杠杆投资有两个原因：一是因为可以用少量的基金做更大的事情，特别是在 2017 年定增锁紧的情况下；二是上市公司通过机构和专业团队的合作，提前去筛选、布局优质的教育资产，减少上市公司并购风险。过去三年超过 35 家上市公司，发起超过 40 个教育产业基金，这个规模在其他行业的上市公司也是比较大的。

教育产业 IP 化将会成为未来投资的趋势和热点，可以以"教育+金融+产业"的打法去投资教育，赋能教育，并赋能产业。在国际教育、K-12 教育、幼教、职业教育都已经形成布局，通过金融的方法布局教育行业，更重要的是用这些资源来形成整合的局面。打开教育入口，未来用这些教育资源去布局相关产业，"教育+金融+产业"是未来的投资逻辑，也是趋势。

互联网时代，边游戏边学习

互联网时代，教育正向着信息化、社会化、网络化发展。网络传播影响着今天人们的生存和发展。学习，作为适应时代变化的根本手段，也发生了重大的变化。网络对教育的影响，主要表现在教学内容、教学方式方法、教育结构乃至整个教育体制。网络在学习中是以学习的个体、学习的对象、学习的环境为载体出现的，它冲击着传统的教育和学习方式，对传统的教育模式和学习能力培养方式提出了挑战，使教师与学生的角色发生转变。

此外，网络时代使学习方式也发生了很大的转变。在传统学习中，知识呈线性排列，而计算机技术使知识呈片幅式排列，学习的方式也从线性转向非线性。网络学习能够为学习者提供更充足的信息。电子媒体成为老师，它是一片"信息海洋"，一个真正的"上知天文，下知地理"的博学者。你将通过多种媒体进行自己的学习，更主要的是在网络时代，你根本分不清是在学习还是在游戏。建构主义者认为，学习不是一个被动地记录外界信息的过程，而是一个主动建构的过程，学习是按自己的需要、自己喜欢的方式来进行的。

未来教育的竞争不仅仅是教育本身的竞争，也会体现在科技与技术方

• 文育 IP •

面，具有游戏基因的公司去做教育业务在产品方面具有得天独厚的优势。

首先是庞大的用户规模。做游戏的公司拥有海量用户基础，而且这些用户与教育领域的目标用户具有很大重合度。一个显而易见的例子是 YY。YY 语音社区最早用在游戏领域，去做教育不过是顺水推舟，因为经过一段时间的发展，许多用户已经自然而然地开始利用 YY 这个平台授课。再比如《愤怒的小鸟》开发商 Rovio，正是因为小鸟的形象对于孩子来说是一个巨大的 IP，Rovio 围绕儿童教育成立子公司也就变得顺其自然。

其次一个不可忽视的方面则是技术。强大的技术也许可以令游戏公司开发出更具竞争力的教育产品。一位业内人士表示，游戏公司在技术方面的积累会给教育行业提供用户体验更好的产品。

值得注意的是，游戏基因不仅体现在了技术积累方面，网络游戏的运营模式对教育产品的研发也具有一定启示意义。据媒体报道，猿题库最初的运营就借鉴了网络游戏的模式。猿题库设置了基于"任务"的功能，用户可以选择"快速智能练习""专项智能练习""真题模考"等练习形式，系统则依据用户的历史练习记录计算出最适合用户的题目组合，依照用户的测试结果总结出用户的知识点薄弱处，并同时对用户的成绩提升给予激励。

网络多媒体技术充分调动了人的听觉、视觉、味觉、嗅觉、触觉，实现了学习的高效率，真正把学习的趣味还给了学生。

从学的角度看，学习者是主体。提倡终身学习的时代，从儿童到成人都可能是学习的主体，对于他们而言，"学习不再是苦差事"自然是好事。学习过程不一定非要很枯燥，去中心化的互联网学习甚至不一定要有专人教，上网玩游戏的过程可能就把新知识、新技能掌握了。"三人行必有我师"网上学习中的各方面的高手可以相互成为导师。如果在游戏中也可以互相学习，学习也可以变得很好玩儿，何乐而不为呢？

既然游戏化学习对于学习者是一个重要的学习方式，那么如何将学习和电子游戏融合在一起呢？我们先分别从几种不同类型的学习内容来做尝试性的讨论。

对技能类的学习，电子游戏的模拟场景仿真操作可以代替一些学习过程。各种驾驶的模拟在技术上已经可以很逼真地实现了。对知识类学习，文字、声音、视频在互联网游戏中可以把知识嵌入进去，知识点就是通关秘籍。电子游戏可以把书本、黑板、讲解、复习和考试融合为一个个场景，以讲故事过关升级的方式参与进去，提升学习的成就感，而且按照遗忘曲线可以在游戏中更科学地重复加强记忆，结合适时的人机互动或真人问答，使知识更容易掌握。若能够把平时知识学习的考试放到游戏当中，或许考试也可以变得像游戏过关一样值得期待了。

互联网时代，在线学习是重要的学习方式之一，而电子游戏式学习或许也将成为重要的在线学习方式之一。电子游戏和学习的结合，可以让学习更性感、更有吸引力，同时还可以省钱，既好玩儿又便利。

以后我们或许会说："多玩一会学习游戏吧，不看书，学习也不耽误，

• 文育IP •

网上也有很多良师益友。"这样，学习就不再是苦哈哈的事儿了，这才是互联网时代真正的学习状态。

在线教育迎来大IP时代

互联网所改变的不只是零售业，其对教育产业的冲击也已经开始，只不过很多人还没有感觉到它汹涌而来的颠覆性能量。作为一位行业的观察人，我认为大规模公开的在线教育，对教育产业带来的颠覆性影响才刚刚开始，而这种颠覆性无异于人类社会从马车时代到汽车、火车时代。

在中国的教育消费升级环境下，家长和学生在在线教育方面的投入与占比越来越高，不论是K-12领域还是职业教育领域，视频平台的用户对知识、课程的付费意愿越来越强；同时，互联网用户对多样的互联网教育形式的接受程度越来越高，而用户对学习效果的要求也越来越高，对在线平台提供的内容和服务的要求也有所提高。

根据爱奇艺官方数据显示，爱奇艺教育频道日均流量年增长率为291.1%，日均活跃用户数相比2016年同期上涨201.3%。用户基数和视频播放的"成绩单"说明了视频平台用户与教育IP的黏性。从商业角度，抑或从快速实现商业目的的角度来说，IP重要，"IP+渠道+变现"的全生态更重要，因此通过聚合内容方构建内容生态是必然的。

教育 IP 的核心依然是内容品质，强调内容 IP，内容创作者不仅有单个的名师也包括可以产生内容的机构。通过与行业名师、覆盖全行业教育机构的深度合作，有利于教育 IP 的多元化发展。

通过互联网来做教育，最早大概是从网易公开课开始的。在知乎上曾有人针对网易公开课进行提问，当时的回答就一句话：这是网易无心插柳的杰作。这句回答有两个意思：其一，网易并没有怎么当回事，开始做的时候也不见得有多少构想。其二，公关效果极好，很多人对网易这个行为竖起了大拇指。这个回答得到了包括当时网易高层在内的很多人的赞同。不过，公开课这个东西，再往前，其实早已经在互联网上小众流行，只有网易，做到了所谓的"正规化"。

教育业的成本很高，而且门槛不低，在线教育能够降低受教育者的成本，也降低了他们获取教育内容的门槛。因此在线教育被普遍认为具有广阔发展空间。

教育很早就和互联网发生了关联。有数据显示，2012 年百度上和教育有关的关键词广告超过了 40 亿元。不过，所谓的互联网教育很多时候是这样子的：有一家风险投资基金投资了一个所谓的互联网教育项目，这个项目专门从事各类 IT 证书考试培训。这个项目的运作手法其实是线上做一些公开课展示，但如果访问者需要获取整个培训，便需要参加线下的培训班。这套运作模式里，线上仅起到引流的目的，商业上的大部分运作依靠线下完成。

• 文育 IP •

真正的在线教育，是需要靠线上完成商业的大部分运作的，这就像电商一样，主要是靠线上卖货。国内不乏初创型的在线教育企业，虽然所获投资并不惊人。它们主要聚焦于三个领域：幼教、中小学幼儿园教育和外语学习。中国人崇尚一切都要从娃娃抓起且在教育上不吝投资的理念，使得幼教领域中的初创公司最为密集。

在我国，家长普遍对孩子的教育极为关注，也舍得投资。现在的幼儿园费用普遍一年上万元，为了能让孩子进好一些的小学，很多家长甚至花几百万元去买名校的学区房。在社会上，各种中小学培训班、家教更是极赚钱的行业。互联网当然也不会放过这一行业，纷纷推出在线教育的模式。K-12 在线教育的未来趋势怎么样呢？K-12 人群总数约为 2.83 亿，目前仅 18% 的人群接触过在线教育，未来中小学的课外辅导将有更多的触网可能。有分析认为，在现有教育制度下，孩子成绩好才是硬道理，辅导成为 K-12 不可或缺的风景线，也是在线教育激战的原动力。只不过现在大家对这种在线教育的模式还不是太了解，这个行业潜力极大。相信以后 K-12 在线教育，会被更多的学生和家长接受，成为学生课外辅导的重要渠道。K-12 在线教育的好处是比传统的辅导班、家教费用更低，甚至会免费，让更多的学生都能接受到名师的指导。

国外在线教育的现状和参考

美国是世界上教育质量最高的国家之一，它有完整而独特的教育体系。美国文化教育的高水平也决定了美国在世界科技方面的领先地位。在美国人看来，人人都有接受教育的权利。美国的法律规定 6~16 岁儿童必须入学。

从整体上说，美国教育可以分为四个递进的阶段：学前教育、初等教育、中等教育（初中和高中）以及高等教育。前三个阶段都属于大学前的教育，包括保育学校和幼儿园、小学、初中及高中。大学前的教育又称为基础教育即 K-12 教育阶段（即义务教育）。

在美国，教材是自主开发的，各州、各学区甚至学校同科、同年级教师之间选用的教材也不一样。现行的美国初中课程主要以英文、数学、科学、社会学四大学科为主。美国学校注重孩子动手能力的培养。在艺术课上，美国初中生除了学习绘画技能，还有手工操作。同时，美国学校重视音乐教育，自小学三年级开始，孩子们就离不开乐器了。即使孩子将来不想当音乐家，也能在学校里受到系统而全面的音乐教育。美国学生的阅读量以及写作量都很大，除了规定书籍外，学生还需挑选大量的书籍进行自主阅读，写读后感、读书报告，参加阅读讨论、总结，以及每天写日记，

• 文育IP •

英文课还经常要求写世界名著小说的点评。美国英语课的分数由家庭作业、学校作业、考试、写作和演讲几部分构成。而且，美国的教育也很重视演讲，从幼儿园开始，就有演说练习课，小学和初中都有演讲练习课，甚至在高中，《基础演讲》都被入选为高中生的必修课。

美国的在线教育从课程内容来看，已经过了内容沉淀期，而逐步转向筛选期，即网站如何根据用户特点做更合适的推荐，个人用户如何发觉对自己有价值的课程内容。欧美的教育模式在"教"与"学"两个环节和国内的差别很大。老师更注重孩子的自我学习能力，在一个以自主学习为主导的基础教育国家里，教学类产品的设计本身就有成长的土壤，哪怕类似百度、谷歌这样非针对教育的互联网产品，也能成为低年龄段学生查找资料，自主学习的常用工具。

美国的在线教育产品主要有两大类：一类是以老师为核心要素的传统讲授模式为主，另一类则没有教师讲授，而是以动画演示加互动为主的在线教育软件。著名的可汗学院（Khan Academy）基本可以归入第一类，与多数典型课堂（Massive Open Online Course，MOOC）一样，在可汗学院选课的学生可以观看教学视频、做在线练习并有答疑辅导。网站还提供免费数字教材，内容涵盖多重领域。练习系统有学生对每一个问题的完整练习记录，供老师跟踪参考，也可以根据学生水平因材施教。

英国在线教育具备价格优势、更多选择和便利性，是颠覆传统教学方式最主要的有利因素。

英国知名在线家教服务网站MyTutorWeb创立于2013年1月,提供个性化的在线教育服务:每个在线课程都是一对一、为每个学生量身定制的。MyTutorWeb上的学生来自四面八方——从顶尖寄宿学校到公立学校。值得一提的是,这个网站还吸引了来自英国以外国家的学生。

中国的在线教育于2013年迎来飞速发展,但相较于欧美市场还处于起步阶段,而且社会性的培训机构创新和尝试相对比较大胆。像托福、雅思这类不与K-12教育挂钩的外语类目发展尤为显著。沧海师泽教育在线、小站教育、沪江网校等在线教育平台,也是抓住便利性和性价比两个优势,在用户中建立良好的口碑。其中沧海师泽在线教育在K-12教育中有着比较突出的优势。

国外在线教育的使用者对于线上学习的熟悉度、使用频率、使用效果都要优于国内,因此他们更多考虑的是如何更好地优化使用者的学习体验、如何改善自己的教学、如何更好地扩大自己的领域。

依托科技力量,中国教育进入自己打造的IP时代

教育与科技的融合越来越紧密,在科技的推动下,中国人创造教育IP的时代已经到来。"科技不仅能够冲破教育的时空限制,还可以更好地与人的体验和情感融合,进而触达教育本质"。斯坦福大学虚拟人工交互实

● 文育IP ●

验室教授杰里米·拜伦森在 2017 ASU-GSV 美国教育科技峰会上如是表示。在信息技术成为第四次工业革命核心技术的今天,教育与科技的融合也成为焦点话题。2017 年 ASU-GSV 美国教育科技峰会上,会聚了来自世界各地 3000 多名心怀教育信仰的从业者、创变者和投资人。GSV 创始人迈克尔·莫伊在大会中预测,在知识经济的浪潮下,到 2025 年美国将会面临上千万中等技能工作消失。投射到教育领域,不少参会者担心,首当其冲的是教师,AI 取代老师的声音此起彼伏。

随着"90 后"逐渐退出高中,相伴互联网而生的"00 后"将成为未来课外辅导的主要群体,这也对传统教育模式提出了新的考验,如何让教育"跟上时代"？传统教育培训机构、互联网巨头、风投公司都在不断思索这一命题。

科技互联网的推动和国家民促法政策的扶持,对于好未来等教育培训机构而言,既是机遇,也是挑战。对于学习者来说,"享受到最好、最优质的教育"可能也不再是一个遥远的梦,未来的教育将会承载更广阔的无限可能。

改革开放 40 年来,中国科技力量飞速发展,更多的是依靠国家在科学领域的集中投入与研究、管理,科学在青少年中形成自发的学习和发展意识还远远不够。最近几年,由于移动互联网的普及,"大众创业、万众创新"成为政府倡导行为,才将科技创新意识提到前所未有的高度。但这仍然是被动的。

在互联网的世界里，各种网红、明星信息占据舆论的头条，吸引了大部分流量，往往在国家某领域的科技栋梁逝世之后，才让网民意识到错过了中国最值得自豪的一面。

国家已经意识到，如果再不在中小学里补上科技的专业课程，就无法应对未来发展的人才需求。而由于一直以来缺乏科学教师人才培养，适用于教育的科普资源严重不足，历史欠账太多，导致本来应该是很有趣、能激发孩子科学创意的课程变得干巴巴；缺少科普资源投入，让大部分科技知识和科技转化流于想象，不能让孩子付诸实践。

搭上科技的力量，就会改变以往的教育模式。

在传统教育模式下，一家培训机构成百倍扩张规模的同时，老师数量和教学成本也往往会成百倍地扩大，但技术却能够提高这一效率。基于数据手机和算法，动态课程生成系统可以通过分析学习者的社会人口学特征和实时上课情况，动态地为用户匹配最优的外教选择，并根据用户和外教在课后的反馈而不断优化。新技术同样可以带来更好的用户体验，而这直接关系到最终的学习结果。

通过引入情感计算、人脸识别等技术追踪用户的上课反应，进而基于大数据分析为教师提供教学辅助提示，可以大幅提高用户的完课率。

基于这系列的技术应用，在线教育已经不再是简单地将教育从线下搬到线上，以直播或录播的形式完成，而是能够完整地记录学生的学习过程，并对其进行分析，从而做到真正的因材施教，这是在传统教育体系中无法完成的事情。

而在这些技术背后,则是更真实的人与人之间的交流,这种更深入的交流在效果上或许远胜于灌输式的传统课堂。或许诚如莫言所说,教育的本质并非简单的分数、学历,甚至是知识,而是一棵树摇动另一棵树,一朵云推动另一朵云,一个灵魂唤醒另一个灵魂。

技术只不过是让人类重新回到了教育最朴素的理想上来——因材施教、有教无类。

国漫教育 IP 打造的现状与动力支持

教育 IP 的打造,除了需要受众和目前的市场火热,更主要的是孩子们的喜欢程度,所以,动漫成了打造教育 IP 最主要的形式。

动漫游戏产业是现代科技与文化艺术高度融合的产业,也是文化创意产业的重要组成部分,市场潜力巨大。随着经济转型,以美、日、韩为代表的动漫产业已经成为最具活力的产业,我国动漫产业的发展由于经济发展也变得十分迅猛。对中国的动漫 IP 来说,在漫画、动画、电影、游戏这一条国漫开发之路上,游戏化是变现最快的。

IP 是泛娱乐产业生态链的串联者。作为 IP 的重要源头之一,动漫 IP 因创作投入小、形象清晰具体,容易改编成网络游戏、影视作品等因素,在近年备受青睐。国漫产业正逐渐进入以 IP 为核心，跨形态、跨媒介、跨行业融合发展的新时代。

目前，中国市场很被看好，直接做电视动画、电影和 IP 进入的渠道很多，而 IP 跨媒介内容运营很重要。

从 IP 来讲，文字是门槛最低的，也是最高效的。有人说漫画是继网络文学之后又一个 IP 素材的来源，但是它变现的通道并没有大家预想得那么顺畅，从文字、图片、音视频几种不同的媒介看，投入是逐步增加的。

从投资方角度，先看公司的标准化程度，最后看这个 IP 成长需要的时间。IP 经过很多年的积累，才能够达到资本进去给它一个助力，在这个基础上再衍生出其他的东西。

目前在荧屏上比较多见的国产动画片《熊出没》《喜羊羊与灰太狼》《猪猪侠》等。因为这些动画片中塑造的动画形象被孩子们熟悉，所以，各动漫公司也在布局和打造国漫教育 IP。比如，《喜羊羊与灰太狼》全新系列《智趣羊学堂》陆续登录各大视频门户网站和电视屏幕。新开播的系列动画片中，采用短故事中嵌入百科知识点教学的形式，每一集介绍一种动植物或其他知识。"喜羊羊"动画形象诞生于广东人黄伟明之手，2005 年左右出现在公众视野中，出品方为广东原创动力文化传播公司（以下简称"原创动力"）。从教育投资的角度看，《智趣羊学堂》的出现，其实是在讲"国漫 IP 教育"的故事。

《熊出没》系列也做了游戏 APP，里面涉及打怪升级，并加入了趣味

• 文育IP •

知识点。

无论从动漫还是教育产业的角度看,《智趣羊学堂》的出现都具有样本性意义。这是从国产动画片走出的IP,又一次对教育领域发起冲击。而类似原创动力的上一个案例,还要追溯到1999年诞生的"蓝猫"。彼时,以在故事情节插入"十万个为什么"知识的动画片《蓝猫淘气三千问》曾经在"80后"的童年生活中流行一时。

但放眼全球,国外针对儿童教育的动漫IP比国内丰富得多,较为常见的IP有:天线宝宝、迪士尼、巧虎、朵拉、海绵宝宝。这些动漫IP的教育产品早已占据了不少家庭的客厅抽屉。要探索国产动漫IP"教育化"的"喜羊羊",要找到未来的路需要费些周章。

国内做教育动漫的不多,而大部分的教育动漫则流于形式的说教。儿童的动漫教育IP划分为三种模式:一是以教育为核心的"巧虎模式",IP的开发和运营的目的是以教育产品的评价标准出发,如能否帮助销售更多的核心产品。二是以娱乐为基准的"迪士尼模式",教育只是其中一个应用场景,此外还有玩具、游乐场等其他场景,做教育的目标是增强IP的核心竞争力。三是混合模式,如"朵拉"这个IP混合了前两者的特征,走出兼具娱乐和教育特性的"朵拉模式"。而这三种模式共同的商业逻辑是,用户认知IP形象,再逐步信任品牌,最后为其提供的产品和服务埋单。

在前述三种模式中,围绕着"教育产品怎么卖"的策略不尽相同。全球动漫霸主迪士尼拥有涵盖全年龄段的IP,包括"米老鼠""皮克斯"系列等。这个 IP 帝国内部形成了完整的 IP 产业生态链，分媒体网络、主题公园、影视娱乐、消费品、互动媒体五大块业务。相比于迪士尼，巧虎把自己定义为儿童早教品牌，针对 0~8 岁的儿童提供图书、绘本、DVD 影像教材和玩具等家庭学习型产品。在巧虎的产品序列中，与教育属性紧密相关的图书、父母用书是核心产品，而玩具、动画等衍生品成为"增值服务"。事实上，在《蓝猫淘气三千问》系列动画打响牌子之后，"蓝猫"这个 IP 也走向了"卖图书"的路子，推出各种科普图册。"喜羊羊与灰太狼"形象更类似于当年迪士尼的"米老鼠与唐老鸭"。回到《智趣羊学堂》的商业模式，它可以走向网站和电视台"卖片子"的路子，其根据模块知识点设置剧情的模式也可以保持长期生产新内容。

从商业化运作角度，国内市场在一定意义上已经形成对国产原创漫画的孵化模式，通过用户付款、IP 版权交易等盈利模式获取经济效益。IP 作为泛娱乐产业生态链的串联者，从 IP 源头起到最终变现，IP 价值一步步升级，靠的是 IP 原创内容的精品度、社会认可度、粉丝效应等因素。处于上游的 IP 内容开发包括动漫、影视、文学的开发，优质的内容是吸引粉丝的基础。中游通过动漫、游戏、影视的作用放大并增强 IP 影响力，强化对核心粉丝的影响。下游则为通过多渠道变现，变现渠道以游戏、衍生品居多，因其盈利模式清晰易于变现。2016 年，漫画作为泛娱乐 IP 源头之一，备受青睐，它具备创作投入小、形象清晰具体，容易改编成网络游戏、影视作品，易于传播形象。

第四章

如何打造一个好的教育 IP

• 文育IP •

打造教育IP的三大要点

市场对优质IP的需求，是一个很高的护城河。每一家都拼硬件、拼技术，这些都是可以用高价钱达到的。但是如果一家公司拥有好的IP，是不能复制的。市场不断地变化，风口不断地变化，唯一不变的就是内容。只有个性独特，有卖点的IP才能走得更远。整个泛娱乐行业就是内容为王。一部作品最重要的并非画风是否精美、人设是否完美，真正能打动人心的是其传达的价值观。没有相应价值观的支撑，注定只是"金玉其外，败絮其中"，无从谈深刻，更无法成为值得铭记的作品。很多动漫在喊着空泛的口号维护正义，很多影视剧在拼命刻画两性之爱和家长里短，对人性、人情之美的感悟以及对世界的认知都没有。这样的作品即使披了古风、唯美的外衣，也掩盖不了其"缺乏精神内核"这一事实，结果也只能是昙花一现。

对动漫IP，冲破"专属于少年儿童"的固有观念，可以涉及奇幻、历史、灾难、推理、武侠、恋爱等诸多方面，甚至突破简单的说教，达到"输出价值观"的目的。

在传统与创新之间找到平衡点，做价值观的输出，是国产动漫取得成功的关键。对于用户而言，教育的机会成本往往大于其所付出的金钱成本。但有趣的是，在这样一个消费前决策流程极重的产品面前，用户却很难横向地对比每一个产品，因为教育本身是一个极其个人化的事情，教育产品则是一种非标准化的服务性质的商品。于是口碑与品牌成为了教育公司最重要的资产之一。

所以，打造教育 IP 需要注意几个关键要点，比如情怀、效率和创新。

放眼 K-12 在线教育领域，有做家教类的，有做题库类的，有做答疑类的，而同一类产品又有不同的人在做，创始人的出身或是传统的教育机构，或是 BAT 类互联网公司，也可能是其他行业的跨界者。但不管产品的设计、架构、外观如何，笔者在想的一个问题是：到底怎样才算是一款有情怀的教育产品？

为什么要强调有情怀？因为你做的是教育，不是交易，情怀必须有。

在互联网时代，免费才是真正无门槛的。在手机上，有价值的 APP 才能长久地留在用户的眼里。如果一个产品还在坚持只适用于 PC 端网站，那么至少一半的用户都会被拒之门外。据统计，85%以上的中学生甚至小学生已经在用手机上网，而目前 K-12 学生的家长年龄阶段从"70 后"跨越到"90 后"，他们不一定不喜欢操作电脑但都有用手机操作的习惯。同时，因为传统教育资源的集中性导致教育成本很高，在线教育的产品才会尽可能地去降低一切成本，因为教育这件事是关乎民众的，不管是工具型还是平台型的教育产品，用户的下载使用体验都应该是免费的。想着打造免费的 IP 也是一种情怀的体现，先从不赚钱出发，最后实现殊途同归的赚

• 文育 IP •

钱目的。

国内在线教育本身起步较晚,爆发期很长,"风口论"并不适合在线教育行业。不要认为现在 K-12 融资很火热,迎头赶上就能赚大钱,教育看的终究是未来,市场培育也相当慢,行业可能会黯淡,资本可能看衰,市场可能遇冷,创始人也可能看不清方向。不管遇上了哪种情况,如果创始团队没有浓厚的教育情怀就不可能坚持做长期的打算,去迎接美好的未来。但现实告诉我们,在这个领域中前赴后继倒下的人多得数不胜数,为什么?因为只有情怀还不够,还需要足够的资本支持你度过这段漫长的等待时间,说到底需要的是情怀的变现能力,因为资本看的始终是回报率,只有产品在行业内具备了核心优势,才有人愿意陪你涉险。

时间效率意味着在节省时间与保证效果之间取得平衡,使得结果最优化。试着想想为什么学生那么喜欢在手机上看小说,因为手机阅读最大化利用了碎片时间,提高了阅读效率。再就家长与老师的沟通手段来说,见面是有效但不一定是最有效率的手段,打电话虽然直接但是成本相对高,短信互动性又太差,微信、QQ 的出现提升了沟通效率,让沟通形式更加多元化。

开放是互联网的代名词,开放也代表着分享,微信之所以具备了连接一切的能力,是因为有开放的生态,只需要开放一个接口就可以做相应的事情,比如监测你每天的运动数据,连接 Wi-Fi,以及支付等。同时微信也在不断地扩展,成为一个超级 APP,不断增加购物、电影票、缴费充值、打车等各种入口。无形中就会提升一个教育IP的效率和综合衍生品。

最后我们再说说一个优质IP的创新。无论是打造什么样的IP，如果不创新就会流于形式，缺少竞争力。那么，我们真的需要定义"什么是IP"，这一定不是简单的形象，也不是一个简单的商标，这一定是一个品牌。真正的品牌有三个支撑力：第一，要有价值观。第二，要有内容，文化背景是什么，有什么独特性格来引领大家，否则文化就是一张画，一个商标，过后被大家忘了。所以要建IP首先要建立起真正的品牌。这需要你几十年如一日坚持打造百年品牌，坚持是最难的事，因为这是一个漫长的过程。第三，如果你做品牌，你一定要有持续的创新能力，而持续创新能力源于你对"旧"的理解。如果你不知道什么是"旧"，哪来"新"。即便模仿和学习全世界最新的东西，你还是旧，假如说你能够顽固地坚持你最理解、最熟悉的本土文化中最旧的东西，对其他人而言可能是"新"。

IP有两个来源，一个是互联网协议，另一个是知识产权。这给我们今天IP培育三个启发：第一，互联网时代如何影响受众，如何快速与消费者沟通，给产品IP的打造奠定反响。第二，知识产权，任何一个IP不是一个名字，而是有版权保护的著作权、设计权，都需要工商注册才能形成版权。版权意味着未来可以授权，产生各种衍生品，是对权益的保护。第三，IP内容转化需要科技力量、创意力量，需要各式各样的技术支持，这是现在的难点，但也存在着巨大的空间。

未来是教育IP的风口，谁能做得好，走得远，离不开优质的IP质量，离不开情怀、效率和创新，做到这些才能在众多的教育 IP 里脱颖而出。

个人品牌化：突出你的专业形象

对于个人品牌，百度百科的解释是：指个人拥有的外在形象和内在涵养所传递的独特、鲜明、确定、易被感知的信息集合体。能够展现足以引起群体消费认知或消费模式改变的力量。具有整体性、长期性、稳定性的特性。

美国管理学者彼得斯有一句被广为引用的话——"21世纪的工作生存法则就是建立个人品牌"。他认为，不只是企业、产品需要建立品牌，个人也需要建立品牌。这句话的广泛流传也说明了个人品牌已经为人们所重视。在这个竞争越来越激烈的时代，不论在什么样的组织里面，要让人们认识你、接受你，首先你要充分表现自己的能力。倘若你埋头工作却不被人认知，你的杰出表现就会被铺天盖地的信息所淹没，因此，个体的价值被认知比什么都重要，要想推动个人成功，要想拥有和谐愉快的生活，每个人都需要像那些明星一样，建立起自己鲜明个性的"个人品牌"，让大家都真正理解并完全认可，只有这样，才能拥有持续发展的事业。

在这个世界上，每个人都是独一无二的，不管你是无限荣耀，还是平凡普通，世界上都只有一个你，如果你把自己打造成像"名牌"一样有价值,机会自然会找上你。

但是,这也是注意力稀缺的时代,每个人的价值很难被大众看到,如果你没有让别人知道你是谁,没有展现自己内在的能力,想要在今天获得成功,是一件非常难的事情。所以,良好的个人品牌能让你在这个喧嚣的年代被别人认可。

对于打造一个好的教育IP,那么突出教育者或影响者的专业形象就非常重要了。比如新东方教育的超级IP离不开其过硬的英语培训,但也离不开"俞敏洪"这个招牌带来的个人品牌化。

千万不要觉得这一类只是营销部分的事情,每个创始人都是你们企业最佳的代言人,时时刻刻要准备好怎样用一句话介绍自己的特色,优势该怎样进行放大化。

此外,突出专业形象也很重要,说到专业沉淀不仅学习行业内的知识,还要进行跨专业的学习。新东方俞敏洪做到了专业形象,他不但是北大毕业的高才生,还是英语过硬的老师和创始人,这本身就能得到有英语学习需求的家长和孩子的认可。

在这两年的时间内,我们一直在观察着浪潮的方向,几乎每隔一段时间就可以看到个人品牌的成功案例,像罗振宇、PAPI酱、吴晓波、高晓松等。事实证明,这是一个人人皆品牌的时代。

在过去两年里,行动派提倡"做自己的人格魅力体",其方法论影响了众多年轻人,他们在自己的城市通过新媒体打造出当地乃至全国性的个

• 文育 IP •

人品牌，创造了无数的案例。无论是在大城市还是在二三线城市，只要将所学用到行动上，都可以发展出属于自己的个人品牌，促进一个 IP 的开展。

教育是一个极度的品牌化市场，如已经上市的新东方、好未来，它们突出的优势在于品牌，对于消费的家长群体来说，品牌是他们消费决策中的重要影响因素，而 IP 在很多情况下，是品牌的重要一部分，能够增强大众对于品牌的认知。我们可以看到 IP 被引申出了诸多属性：精品内容是原点，自带关注和流量，以社交分享为导向，具备跨界能力，面向垂直人群做表达等。

创造型考虑的应该是怎么打造人格化、品牌化 IP。从机构的角度来说，应该考虑课程设计，服务体验的人格化，说互联网教育课程资源是核心，但其核心到底是什么，很多机构认识远不到位，不是有自己的讲课老师，或外聘些名师就能做好在线教育。资源最贵，但同时也最易获取，互联网已经把获取资源的渠道都铺平了，一马平川到用户既难以选择，又可以极低成本进行切换选择，一旦发现真正满意的资源，忠诚度又非常高，愿意付出更高的成本。

培训机构应该花时间去研究教学方法、课程设计、人格化表达、场景化铺垫、游戏化教学、用户交互。而渠道营销，做个 SEO，买个关键词，做个宣讲会已经变得低效，现在分发渠道那么多，还都免费，真正好的资源一石激起千层浪，没有竞争力的资源就是石沉大海。

而做教育的人，或投资者，要打造一个好的教育 IP，应该考虑自己的 IP 打造，不盲目跟风，做出自己的个人品牌，尤其要突出专业形象，才能让用户信赖。

如今，注意力成为经济形态，眼球成为争夺目标——"注意力经济""眼球经济"已不仅仅是经济学课本里的理论，更成了市场竞争中随处可见的残酷现实。注意力本身就是财富，那些微博大 V、网络人气王，无一不是靠个人的品牌影响力带动了粉丝，从而形成了一定的赚钱效应。

当下的中国已进入资讯爆炸的信息社会，无限的信息在争夺有限的注意力。在此情势下，个人若拥有鲜明的个性特征和个人品牌，无疑就拥有了核心竞争力，从而可以在竞争中获得强大助益。

品牌营销化：找痛点、"网红"教师、注意力经济

一个人要产生购买冲动有两个关键：一是追求快乐，二是逃离痛苦，其中痛苦的影响力要比快乐的影响力至少大 3 万倍以上。头脑在对这些快乐或痛苦的程度做比较判断时，通常会比较倾向于逃避痛苦。就是说，若有痛苦产生，则认为逃避痛苦者优先。这也是销售切入的关键点。所以，这就告诉我们，一个真正的教育 IP，首先要能够找到用户的痛点。比如，

• 文育 IP •

要知道家长现在最头疼的是什么？学生需要学习的是什么？只有解决了这两个关键，就能找到品牌营销的切入点。

如果你有一个新的想法，想验证是否抓住了顾客真正的痛点，这里有一个简单的方法，问自己：你是否可以用寥寥几句就能描述出你的产品或服务？你推出的产品、服务或 APP，解决的痛点是什么？为什么别人需要在意这件事？同时，你是否可以通过简单的解释让你的一位潜在顾客买你的账？

如果这些都可以的话，那么恭喜你，你已经比大部分教育 IP 领先了。知道了品牌营销化的第一步，寻找痛点。第二步就要重视网红经济。

网红经济的本质还是明星经济，或者换个角度也可以说是粉丝经济。网红的着力点其实不是"网"，网只是助推器，关键是在于"红"，"红"不是动词或形容词，而是名词，是指名人或者知名的事、物等，只不过名人更常见，不管怎么说，都是靠"红"来进行经济上的转化，销售基本上也都是依靠"红"的影响力，埋单的差不多也都是粉丝。从这个意义上来说，只要出名的，聚集了大量粉丝的，无论是人还是物，都能转换成网红经济。

网红之所以会成为一种现象，会升格成为网红经济学，很重要的原因是借助了移动互联网这个助推器。我们知道，互联网对信息的处理具有快速、海量和放大的特点，特别是移动互联网，又把"网"的作用提高了一个层次，所以网红们的热点效应就会出现叠加，其舆论能力就会被放得很大。

比如凯叔推出的《凯叔讲故事》之所以能做得非常成功，离不开"光头王凯"这一网红招牌。"小猪佩奇"能进入千家万户，也首先得益于那几只粉粉的小猪动漫形象，先有了"红"的形象，才有了后面的一系列产品和用户黏性。如今的网红经济已经初步形成了上、中、下游紧密联动的专业化生产产业链，网红更像是一种产品，上游负责生产产品，中游负责推广产品，下游负责销售产品，形成了拥有推广渠道、内容、销售途径等环节的营销闭环。

我们假设，有一款教育 IP 是主推网红教师，他们既在网上传播知识，也做直播，年轻消费者很喜欢网红讲师，网红讲师本身有内容，而且风格更适合年轻人，那么在市场上成为一个爆点是非常容易的。

当今市场还需关注注意力经济。坦率来说，现在的消费者注意力越来越分散，注意力成为这个时代比较重要的东西。如果你能够吸引消费者的眼球就容易吸引他们的注意力，从而才能够留住消费者。

怎样把注意力分成三个部分做展开？第一部分就是增大传播量，好内容一定要传播出去，千万不要觉得炒作只是演艺圈的事情，这是一个互联网的时代，利用互联网工具来做营销，这是现代人必备的本领。

通常来说在很多自我宣传上面，相对来说教育行业的人会比较保守一点，会认为自己夸自己好是不太恰当的，但是在互联网时代却必须要这样做，因为酒香也怕巷子深。

满足用户多维度的需求。在这个时代，有两样产品或者两类产品是永远不会过时的：第一是与荷尔蒙有关的产品，能带给别人感官刺激的产品。第二是满足消费者情感、知识需求的产品。商场会想尽一切办法让消费者在商场多待一点时间，让消费者进行二次消费、三次消费。网上做教育也是如此，只要能够让消费者多花时间在你的应用上或课程上，你就能占领市场。

粉丝社群化和营销粉丝化：互动、参与、平台

IP自身营销中一个难题就是如何找到目标用户以及如何将用户和IP做深度连接。只有和对的用户说话，根据他们的心理和现实痛点有意识地制造话题，才能让IP产品热起来。

对于圈粉丝，大数据无疑能够很好地帮助IP调研出用户的喜好，家长以及孩子的使用习惯和频率，然后根据这些做贴近受众心理以及行为习惯的内容，这样才能更好地抓住用户，并让他们实现深度参与、互动与分享。

一个成熟的IP需要一个沉淀的过程，对于优质IP而言更是如此。从诞生到爆发，这个过程中，IP与用户之间的相互陪伴是一个至关重要的粉丝积累过程。IP虽然有粉丝积累，如何将这些粉丝转化为品牌粉丝才是问

题所在。比如,《小猪佩奇》《巧虎学习系列》《哈利学前班》等经典 IP,赢取用户注意力的同时,也被视为实现广告和营销的基础材料,即使用 IP 元素来设计内容,借助粉丝的扩散效应实现品牌的自传播。

基于好的产品体验,挖掘产品本身的传播属性,让用户教育和发展用户。

一般线上口碑营销的渠道有很多,比如社交网站、社群、点评网站、网络信息发布平台以及一些意见领袖。不同的产品在不同的领域以裂变式传播,这都将产生极大的口碑效应。

有的教育 IP 在圈住用户的同时,还会建立一个用户社群和粉丝,哪怕机构再大,有一千名员工的话只是员工,但是如果你有一千名粉丝,在当今的互联网时代你就有一千个"真爱粉",他们会发自内心地、想尽一切办法帮你做宣传。你如果有足够的粉丝,那么在目前这个时代就可以活得非常滋润,所以要尽力地培养自己的粉丝,而不仅仅是员工。而粉丝要自主自发地传播,离不开互动和参与。就像游戏一样,如果你是打单机游戏很容易被超过,如果是互动游戏,大家在一起玩很开心,就会有很深的参与感。

DISC 国际双证班是目前在教育界非常好的社群之一。它是从零成本开始,两年内加入了将近 2000 位自费学员,这批学员不断地循环消费,报班概率非常高,属于行业当中做得不错的。它在整个运营过程当中还会分季度:

• 文育 IP •

第一季度的重点是性价比，价格比较实惠。

第二季度的重点是做链接，将普通消费者与一些大咖进行链接。

第三季度的重点是输出。通过鼓励学员一起做线上课，鼓励他们开班，鼓励他们一起出书。

看看它有哪些好的运营方法？

首先，通过权威效应运营。未来如果你们想组建社群和粉丝团，一定要选大咖与粉丝团做专业内容分享。

其次，通过附加价值运营。每个人来这个社群当中要的东西是不一样的，有的人说我想要一个身份，有的人说我想要一份学习资料，有的人说我想要一个参与感，所以你要在社群当中满足不同人的多维需求。如此你会发现，你在有新品推出的时候朋友圈会刷屏。

还有一个 APP 做得不错，就是简书，其 APP 在手机上可以编辑，在电脑上也可以编辑，所有的文章内容互联网上可以存在。

另外用社群的人讲故事，挖掘社群当中比较好的、可以作为典范的故事进行宣讲。在社群当中我们要的是榜样，只有不同的人在一起才会形成非常有力量的团队。

当你做到一定规模，人数够多的时候你就要给他们一个统一的标识，就可以请专业的设计人员设计一些 LOGO。

伴随着消费升级的大背景，教育产业也面临着大的升级。新一代的消费者，不仅仅在消费日常商品的过程中有不同的观念，在消费教育产品的时候也有不同的需求。产业升级可以分解为不同的方面。

需求多元化：中国消费者比以前更加成熟理性，消费需求和偏好也更加多元化。教育企业必须深入洞察每一细分客户群，充分考虑它们的独特需求，才能准确定位产品和服务，根据多样化的价格、细分的场景和差异化的功能，判断其增长潜力，并制定适合自己的战略决策。

内容个性化：由于需求的多元，教育产品必须更加定制化、个性化。本来就难以标准化的教育产品需要进一步升级，为不同的客户贴心服务。

机构品牌化：用户需要高品质的教育产品和服务，在信息不对称的情况下，选择大品牌是必然的趋势。这也就是为什么像新东方和好未来这种已经做出品牌的机构会越来越容易做，走得越来越快。这是一个拼品质和品牌的时代。

产品服务化：仅有好的产品还不够，产品必须具备服务属性。比如VIPKID，这种纯线上的产品必须拥有极好的服务能力，服务的细节决定了竞争的成败，体验是关键。

服务人格化：消费者对品牌的情感依恋度不断提升，那么除产品功能外，公司还要在情感层面积极做文章，与消费者互动。教育品牌的黏度也需要构筑在参与感和对品牌情感的基础之上，所以服务要有人格。典型的如罗辑思维、樊登读书会。

人格IP化：人格化的服务最终会升华为一种IP，而这种人格化IP的建立将成为最强的品牌壁垒，教育领域最典型的案例就是新东方。

• 文育IP •

泛儿童教育 IP 品牌的差异化定位

无论做什么，一个品牌建设的首要任务是品牌定位，而后继的品牌识别设计、品牌传播诉求、品牌形象塑造以及品牌延伸等策略都是基于品牌定位展开的。定位就是你对未来潜在顾客心灵上所下的功夫，也就是把产品深入你未来顾客的心中。

营销定位可以从一件商品、一项服务，甚至一家公司、一个机构开始，但它并不是要你在产品上做什么重大改变，而是要你在产品的名称、品牌、价格、包装、服务上下功夫，为自己的产品在市场上树立一个明确的、有别于竞争者产品的、符合消费者需要的形象，其目的是在潜在消费者心中得到有利的地位。简言之，"定位就是如何在预期顾客的头脑里独树一帜"。可见定位是一个从外向内的过程，是从消费者的角度出发，针对潜在消费者的心理采取行动。

品牌定位则是在上述定位概念意义的基础上更加强调差异化，即目标消费者的差异化和消费者价值的差异化。目标消费者差异化是指企业应从该产品或服务的消费者当中选择一个特定的细分人群进行服务。消费者价值的差异化则是指企业的产品或服务能够为目标消费者提供有别于竞争者的利益。

教育机构如何建设自身品牌？家长接触到的信息纷繁复杂，更新速度极快。酒香也怕巷子深，教育品牌也需建设。教育使命的坚守与现代化的企业管理制度的运营并不冲突。运用现代化技术，促进教育理念的达成，让更多人受益，更弥足珍贵。

为在细分的校外教育市场中占领一隅，许多教育机构开始在确立品牌定位时思考自己的品牌核心竞争力，它是如何呈现并向用户传达的？差异化的品牌定位与外延，构成差异化的品牌核心竞争力，并通过品牌传播，到达客户心智，形成差异化品牌认知。

教育机构如何建设自身品牌？企业必须在外部市场竞争中潜心研究顾客的体验和需求，回过头来引领内部的运营，才能使企业提供的产品和服务符合顾客的心理预期，提升满意度。竞争性定位在品牌发展策略中占据核心地位。

目前，国内在线教育APP开发盈利方式主要依靠内容收费、服务收费、软件收费、平台佣金和广告五大收费模式。从商业模式来看，目前平台的盈利点主要是分成和广告费，而教育产品则主要依靠收取课程费用，只是将传统线下教育的销售渠道和使用场景搬到了线上。未来可能的盈利点是通过互联网平台为家长、学生提供真正个性化的服务，同时具有不可替代性，让其具有付费价值。

据调查，教育类IP中国区应用类型分布显示，游戏IP排第一位，紧跟其后的则是教育APP，其中适合0~12岁的早教类APP占比最多。

• 文育 IP •

当蜂拥而至的商家以为自己找到了蓝海时，却发现那不过是一场看上去很美的梦，因为鲜有人为此埋单。之所以教育 APP 仍停留在免费应用的门槛上，最根本原因是内容支撑缺失。

原因很简单，大家内容都是一样的，那么既然有免费的，我为什么要付费使用你的产品？内容同质化是制约消费者自愿掏钱的主要原因。因为类似的教育 APP 太多，用户甚至抱怨道，内容很粗糙，不太适合小孩子，内容不是独一无二的，如果没有什么差异化，大部分家长不会花冤枉钱。

没有找到教育 APP 真正意义所在，只能将其沦为阅读、应用形式的转变，很难产生爆发式盈利突破。同时，大量企业为抢先占领该市场，以免费吸引消费者的心理也促使免费产品泛滥，严重制约了该领域的盈利。

怎样才能让用户心甘情愿地掏腰包呢，就要做到品牌的差异化定位，让家长觉得眼前一亮，并且在使用体验后感觉性价比高。

免费软件和收费软件的受众群体不一样，最关键的核心点还是"你是否用心专注于从用户角度来考虑和设计产品。因为能模仿的只是形，用心的部分是模仿不来的，那才是产品的灵魂所在"。能做到这样，才是真正体现差异化，体现独特。在设计教育 IP 时要关注许多细节，比如孩子的手指能否点到，使用过程中是否容易出现误操作。

就技术层面而言，APP 开发门槛很低，一些花费大量时间、金钱做更新的产品，很轻易就会被他人模仿，难以实现盈利甚至最后走向死亡。实际上内容的门槛还要再提高，现在很多儿童教育类 APP 公司，都是背后有大量的内容资源，而不是专注做互联网产品的团队。表现形式、用户体验，都可以提高门槛，体现差异化。

儿童的特性是容易对新事物产生好奇心，但同时也很容易短时间接触后就对其不理不睬，很多教育APP之所以会昙花一现，也正是缺少研发后劲，不能持续保持产品体验的新鲜感。

"故事中的孩子"有自己的理念——"用每一个睡前故事来传递爱"。这是故事中的孩子能在竞争激烈的儿童教育内容创业领域获得青睐的原因，每个家长都想给自己的孩子更多的陪伴和更好的童年。"故事中的孩子"将当下最流行的两点元素——"绘本+音频"结合起来，为孩子们描绘出了更匹配的使用场景。绘本作为国际公认的最适合幼儿阅读的图书，不仅能学知识，而且可以全面帮助孩子建构精神，培养多元智能。而音频相对于图文有着更快的进入方式，用户越快进入状态，就会越快放弃深度思考，他们获取的信息量大了，对于公众号运营者的情感投射就会越来越强烈。每晚八点的固定时间这一细节，一方面是研究分析了实际生活场景得出的判断，下班吃完饭进入亲子时间，这个时间点的推送最大程度地保证了用户体验，另一方面固定时间推送更是强调了情感投射，培养了听众的阅读习惯。全方位的差异化造就了故事中的孩子这一儿童教育品牌的与众不同，在日趋激烈的内容创业领域成功地占据了属于自己的一席之地。据悉，故事中的孩子创立之初就瞄准更大的市场，由公众号有声故事、视频开始，逐步试水全产业链布局。虽然垂直内容创业依旧是内容创业中最受青睐的一环，但是未来市场将如何演变我们很难预测，毕竟一个品牌的成功受多方面因素的影响。

现在"80后"父母已经成为教育消费主流，他们最大的特征就是离不开智能手机和iPad，因此需要有针对性地推出APP应用。未来好的教育APP产品，内容应该具有独特性，而在技术上满足用户体验。这两者同时兼备，无论是对传统教育企业而言，还是对技术型起家企业而言都是一种挑战，但却是教育APP时代真正到来之前双方都必须完成的修炼。做不到差异化就等于走进死胡同，必须时刻记住，要做自身品牌差异化定位。

如何打造教育IP："小伴龙"的方法论

教育市场是一个极度品牌化的市场，例如，新东方已经成为英语培训的代名词。对于用户而言，教育产品的品牌是他们消费决策的重要一环。近年来，教育行业围绕IP创业的项目越来越多。

早教领域涌现出了一批像"小伴龙""贝瓦""多纳"等新的品牌。我们分析原因有两个方面：一方面，学龄前儿童容易对事物形成情感寄托，早教品牌一般利用卡通形象为儿童提供陪伴式教育，以达到寓教于乐的目的；另一方面，学龄前儿童对早教产品的需求范畴较广，包括音频、视频、游戏、书籍以及其他衍生品，这就为IP孵化提供了有利土壤。

在中国，如果说到陪伴 0~7 岁孩子成长的虚拟小伙伴，就离不开"小伴龙"。其在 2012 年底面世时，这个拟人化的 APP 只是在和几位主创的孩子打交道；而四年后的今天，它已经成为中国 4300 万孩子的好朋友。现在的"小伴龙"不像刚诞生时，只能叫孩子的小名，和孩子作简单的会话，"小伴龙"团队用了四年的时间，做出 200 余个原创互动故事包，分布在名为"去哪""歌舞""学堂""宝箱"的游戏式板块中，等待着孩子们去解锁体验。这四大板块也在孩子的生活中扮演着不可或缺的角色：陪伴成长、逗趣谈美、分享新知、养成习性。

"小伴龙"是陪着孩子探险、唱歌、跳舞、学知识的虚拟伙伴。我们以"小伴龙"为例，看看是如何打造教育 IP 的。

首先，借势移动红利，集中力量打造"小伴龙"APP。与许多儿童内容平台通过多产品矩阵打造 IP 不同，"小伴龙"自 2012 年下半年上线以来，一直只做一个 APP，并在同一个 APP 中持续更新内容，以形成合力，提高用户留存率。"小伴龙"APP 从一开始就没有局限于某个细分领域做内容，而是推出卡通形象，致力于打造儿童 IP，扩大品牌影响力。"去哪""歌舞""宝箱"等板块提供免费更新内容，2016 年 7 月底上线的"学堂"板块提供部分付费内容，这也是"小伴龙"首次尝试内容付费模式。目前，"学堂"板块针对拼音、识字、数学、英语、习惯等推出 30 多个内容包，付费内容约 20 个，每个内容售价 1 元。每个收费内容包学时为 7~8 分钟，在这个过程中，"小伴龙"陪儿童一起碎片化学习，让其在玩的过

• 文育 IP •

程中学到单个知识点或者养成一个好习惯。

其次，通过动画片、舞台剧、衍生品等形式，放大 IP 价值。针对儿童打造 IP，首先就得让其能够对某个事物产生情感关联，对某个形象形成记忆点，才有可能形成商业变现价值。一般而言，儿童 IP 都需要借助大众媒体来传播，例如，大众熟知的《喜羊羊与灰太狼》《熊出没》等儿童 IP 都是通过 300 多集动画片让儿童接受 IP 形象的。也就说，儿童 IP，包括"小伴龙"，在曝光率足够大的前提下，才有可能依靠衍生品来实现商业价值。除了依靠移动端内容扩大用户群体，过去几年，"小伴龙"也尝试通过开发周边衍生品、举办线下活动等来提升品牌影响力。此外，2016 年"小伴龙"举办六场线下儿童舞台剧，2017 年开发动画片，通过视频网站和 OTT 等合作渠道提升 IP 影响力。

最后，依靠内容收费。在内容收费成为主要收入来源之前，"小伴龙"曾经尝试依靠周边衍生品盈利。探索之后，团队发现周边衍生品毛利率较低，所以这并没有成为"小伴龙"主要盈利方向。"小伴龙"内容收费的商业模式背后有两大逻辑：

一是在产品方面，"小伴龙"的出发点以满足儿童需求为主，通过原有免费更新的内容在无形中影响儿童的价值观，而收费内容包则是在无形中加入可量化的知识，比如拼音、识字等内容，以及吃饭、睡觉等习惯培养。在满足儿童需求的同时，又解决了家长的痛点。

二是在用户方面，"小伴龙"APP 在移动普及的红利影响下，在儿童领域积累了庞大的活跃用户，通过口碑传播和应用市场的竞争优势，用户持续增长可预期。

在内容制作上，目前"小伴龙"的收费内容数量还不多，未来可制作的知识点还较多。比如数学这块上，可以做的付费内容知识点有上百个，"小伴龙"APP已经做的还不超过四个。"小伴龙"90%以上内容都为原创，涉及版权费用的业务主要是儿歌，目前每年的版权开销大约为十几万元。在渠道推广上，"小伴龙"APP在APP Store等应用市场的儿童和教育细分排行榜长期占据TOP3的位置，这种良性循环会给"小伴龙"自然导流。同时，每年的寒假和暑假是"小伴龙"的两个用户爆发点，当孩子和家长聚在一起的时候，凭借口碑效应，为"小伴龙"带来大量新增用户。

与传统教育行业相比，靠内容收费支撑的"小伴龙"的毛利较高，达60%以上，可以预期，"小伴龙"近三年净利会有较大的提升空间。

总的来说，"小伴龙"的业务模式比较独特，值得借鉴的方法很多。首先，"小伴龙"主要还是以满足孩子的需求为主，出发点还是以孩子喜欢为主。其次，"小伴龙"的内容主要不是做游戏，游戏内容对孩子其实是没有什么营养的，"小伴龙"的内容是有故事情节、有价值观的，无形中会给孩子传达品德的熏陶。免费内容在无形中影响孩子，收费内容让孩子在无形中学到可量化的知识，解决家长的痛点。

第五章

"教育"与"IP"双属性产品的思考

• 文育 IP •

真实的教育需求是 IP 的存在价值

每天有无数产品诞生，也有无数产品陨落，很多时候会谈到一个原因，没有把握住用户需求，吸引不了用户。那如何把握住用户需求呢？我们首先要知道究竟什么是产品。产品是指能够提供给市场，被人们使用和消费，并能满足人们某种需求的任何东西，包括有形的物品、无形的服务、组织、观念或它们的组合对于产品，特别是互联网产品，几乎每隔一段时间就出现一个新的概念，并试图以这个概念解释产品的全部。

一些互联网评论家也努力寻找一个成功的方程式，用户体验为王、渠道为王、内容为王……这些概念就是在此基础上产生并"发扬光大"的。产品从无到有的设计、研发，一直到推送到用户的面前，中间经历了很多复杂的流程和步骤，并不是简单的一句话就能描述清楚的，显然产品的成功也并不能靠一两句话去解释。把用户需求转化为产品需求的中间纽带是什么，用户需求是怎么产生的，我们只有把原因研究清楚了，才有可能通过产品需求去迎合用户需求。追本溯源，用户的需求或者说是欲望究竟缘何而生？

在设计产品时，首先要瞄准一个用户需求作为产品功能的重点优先满足的对象，这个需求就是用户对产品的核心需求。如果新产品能够找到比其他产品更优的全新方式满足用户的核心需求，那么产品就有机会在全新的领域取得竞争优势。

从本质上来说，教育 IP 和动漫 IP、游戏 IP 是没有太大区别的，想要变现，就必须保证传播量，满足用户多维度的需求（情感、知识、娱乐等），而一个更为核心的指标是如何让自己的 IP 占有消费者更多的时间，用通俗一点的话来说，就是"刷存在感"。

过去，对于儿童来说，熟知的 IP 是借由传统的大众媒体传播的，例如"一个动画没有 300 集是刷不出衍生品价值的"，靠着"量"砸出来的成功 IP 是过去最为主要的 IP 诞生方式。但这是娱乐型 IP 的玩法，同时这种做法并不是教育 IP 所能够承担的。对于教育 IP 来说，最为主要的方式是占领课堂和家庭。

这么多年，在中国的儿童动漫市场，出现了很多昙花一现的动漫，为什么？有的时候是后续力量不够，因为好的 IP 是要不断更新的。另外，就是动漫本身的价值不被市场所接受，不被家长接受。一个好的 IP 是在家长教育消费蛋糕里面所存在的以及所需要的。

"80 后"父母成为教育市场的主要需求者，在"80 后"父母思想新潮、重视教育等因素的影响下，越来越多的"80 后"父母将目光放在了对孩子的早期教育上，对早期教育的投入也会逐年增加。从长远角度看，早教符合未来教育全龄化，提前化的趋势，为了让孩子在激烈的社会竞争中求得生存，家长们逐渐懂得早教对于孩子日后智力的开发以及各种能力的培养有着重要的作用。因此"80后"父母对早教市场产生了巨大的需求。

"80后"父母注重物质给予。"80后"的消费理念决定了对孩子的物质给予程度。很多"80后"的家庭中，孩子比父母一个月的花费高，"80后"父母认为只要是给孩子花的钱就是应该花的，很舍得在孩子身上花钱，特别重视对孩子的教育，也注定"80后"父母比起以前的父母更加舍得为孩子的早期教育投资。据有关数据调查显示，"80后"父母对于早教月消费投入约占月收入的40%以上。

"80后"父母对早教或类早教的网络产品以及教学APP主要考虑的是课程设置是否科学、合理。例如，考虑课程是否符合幼儿年龄、个性特点，能不能鼓励幼儿思考、提问、探索，课程设置是否体现多元化，课程是否关注幼儿兴趣、需要，课程设置是否有利于增强幼儿自信心，课程设置是否有利于幼儿养成良好行为习惯等方面。

明白了目标客户以及掌握了客户的真实教育需求再去打造教育IP，才能做到真正的有价值。

产品的主要价值在于满足人们的某种需求，这也是产品最重要的一点，如果产品不能满足用户的需求，用户就不会去使用，这个产品就失去了存在的意义。围绕这个产品的所有盈利方式也就无从谈起。产品对用户的价值是产品得以立足的基础，也是一切商业行为的基础。

是不是只要产品有价值用户就会去用呢？理论上是这样，但是实际情况并非如此。互联网发展到今天物质已经极大丰富，用户的任何一个需求都有多种产品能够满足，在同样的产品中用户会选择最好用、最方便获得、最容易迁移、最有品位、最体贴、最省钱的产品。总之，用户会选择综合体验最好的产品。所以，想打造一个有价值的IP，要从以下几点着手：

第一，从来源分析用户背后的诉求，是直接需求，还是潜在的需求，从而决定需求的等级。

第二，如果是商业产品，针对客户的需求，快速规划和落实，产品承担的角色更多是产品方案的规划和产品开发的快速推进与交付，所以不适合用此问题的需求真伪讨论范畴。不排除存在商业产品的需求由产品自己决定的情况。

第三，辨别需求的真伪，用户在使用产品过程中往往会产生多种需求，但要判断这个需求是否是用户真正需要的。用户的需求有真假之分，即有真实需求和虚假需求。真实需求分为潜在需求、掩盖需求和显在需求，具体说就是用户需要但是无法判断自己的需求，不想让别人知道的或者是自己不知道潜在需求是什么。虚假需求很容易判断，即用户不认同你的产品，这部分需求大多是产品提供者假想的需求，认为用户可能会需要。

传统儿童教育产品已不能满足新兴需求，一方面，由于社会的发展，人们内容消费开始升级，变得多样化，儿童新型内容消费需求巨大，传统的儿童内容读物已经不能满足家长对于儿童的教育需求，现在的儿童消费更加倾向于新媒体和新兴模式。另一方面，由于繁忙的工作导致家长陪伴孩子时间的减少，家长们更倾向于可以利用碎片化时间与孩子相处、教育、沟通。

新兴需求造就儿童教育内容新市场。像巴米兔儿童成长乐园、美吉姆早教以及"凯叔讲故事"和公众号"故事中的孩子"等内容创业项目的出现都是因为迎合了目前的市场需求，满足了儿童教育需求。针对新兴需求而开发出的新兴内容消费模式与传统意义上的儿童教育相比更加适应社会的发展。在传统的儿童教育中，重复说教和单一化的场景使用对于幼儿本身来讲是一件枯燥的事情，而将教育转化成"有声故事"的形式，每一篇小故事都能变成一个有声读物，搭配有趣的音乐，好玩的故事，更能吸引孩子的学习兴趣，从而减轻家长的教育负担。

所以，教育IP存在的价值，就是要解决客户真实的教育需求。

用四配度运行儿童教育IP

IP所影响的粉丝群体要与品牌产品所针对的目标群体相匹配，这个匹配是指粉丝群体可以直接成为目标群体、粉丝群体与目标群体以及品牌所传达的定位相匹配，粉丝群体与目标群体有共性等。这一点很好理解，简单点说，一个老年用品的品牌很少会聘请一些"小鲜肉"的明星做代言，一个针对成熟、高端的品牌，也不太可能会去运作某些动漫卡通的 IP，因为粉丝群体与目标客户群体很显然不容易匹配。

商业定位是成本最低、风险控制效果最好的一个环节，在国内却往往被忽视。大家都知道该做定位，但实际执行得却不尽如人意，尤其在动漫领域基本没有严谨的商业化规划。IP 商业定位，即针对作品对应的人群特征，开发相应的承载价值观、世界观以及具有故事设计、艺术风格和流行元素等的产品，为媒介互动设计做好准备。在这一环节，用户是最核心的维度，简单来说就是，针对不同的用户打造不同的产品及服务。

国内大多数所谓的 IP 并未实现预想中的价值，主要就是因为缺少商业定位。受众是谁，受众有多大，受众背景是什么，受众想要什么，怎么触及受众，怎么让受众埋单，受众消费能力有多强等都需要事先了解清楚。IP 定位清楚了，该投资多少，有多少回报基本就能有个预估。除了打造 IP，打造品牌也必须思考商业定位，产品设计必须和人群定位准确匹配，由此才能设计美术风格和故事框架，设计音乐等艺术风格，以及多种媒介形式之间的互动。

对于教育 IP 来说，大部分是针对儿童和青少年的。相比于成年人，小孩子更加感性，IP 很易形成，但也极易消失。这并不难理解，这就是为什么小孩都喜欢不停地买玩具，但每个玩具又都玩不久。然而一旦孩子认定某一个 IP，那就是根深蒂固的。比如当下几乎充斥在所有儿童产品的"熊出没"的主角形象，几百集的量让孩子反反复复地被圈粉，不管零食好不

• 文育IP •

好吃，只因包装上有光头强代言，孩子们就想要。

而这种状况也让很多创业者忽略了另一个问题——IP与产品的匹配度。IP本身是具有特定属性的，一旦与其匹配的产品偏离了这个属性，就会适得其反。比如，让知名的运动员去代言运动服装，肯定比用相声演员代言更有效果，哪怕后者的粉丝更多。

就像功夫熊猫阿宝，电影中是个不折不扣的大吃货，所以我们看到影片之外，这个IP元素也被应用在了如牛奶、方便面、肯德基等食品上，收获了相当不错的效果。

关于儿童教育方面，这是一个比较严肃的领域，运用是否得当直接关乎到孩子对IP形象的认知和产品的形象。比如朵拉这个IP形象有着非常鲜明的标签，说简单的英语、爱冒险、可爱，这些元素几乎就是天生为儿童英语教材准备的。对于教育IP来说，最为主要的方式是占领课堂和家庭，朵拉动画片系列一方面娱乐了孩子，另一方面也达到了英语启蒙的效果，可谓是教育IP中的典型代表。

教育IP的定位是，教育家长的少儿在线教育平台，让家长能够参与到教育中来。产品的受众，不仅仅是孩子，还有家长。孩子什么样，其实几乎完全取决于家长水平、投入、环境，三者息息相关。我们首先来分析一下当前阶段家长的水平，众所周知，当前阶段的家长人群主力是"80后""90后"，这一代人对于互联网接受程度高，受教育程度高，也舍得花钱投入，这一切构成了我们这个产品的基石。

运营一个 IP，应该事先进行匹配度的评估，评估的内容可以采用问卷、访谈等方式进行，通过匹配度评估来确定所要选择的明星或要联合的 IP 与品牌定位、目标群体等是否相匹配，这样可以使得最终的营销效果事半功倍。

品牌定位必须站在满足消费者需求的立场上，最终借助传播让品牌在消费者心中获得一个有利的位置。要达到这一目的，首先必须考虑目标消费者的需要。借助于消费者行为调查，可以了解目标对象的生活形态或心理层面的情况。这一切，都是为了找到消费者需要的品牌利益点。而思考的焦点要从产品属性转向消费者利益。消费者利益的定位是站在消费者的立场上来看的，它是消费者期望从品牌中得到什么样的价值满足。所以用于定位的利益点选择除了产品利益外，还有象征意义上的利益，这使得产品转化为品牌。因此可以说，定位与品牌化其实是一体两面，如果说品牌就是消费者认知，那么定位就是公司将品牌提供给消费者的过程。

IP 传播靠媒介，更需要有价值

每个 IP 的打造者都希望自己的教育产品达到"提升品牌，提高销量，有效营销，减少广告支出"等营销境界。在互联网时代我们进行网络营销时，需要想清楚三件事：谁是你的顾客？他们想知道什么？他们想知道的

• 文育 IP •

途径有哪些？品牌传播首先要做的就是借力社会媒体，进行目标人群行为跟踪调研。

比如，做得很不错的儿童英语教育 IP——多纳，它的推广是怎么做的呢？它先想最终目标人群是什么，一个孩子学英文听什么，以前听 CD，现在听喜马拉雅，所以多纳在喜马拉雅有电台。以前想要看视频主要通过电视，现在想看视频可用的 APP 太多，如爱奇艺等，多纳在这些地方也会进行推广。多纳在望京有一个落地学校，同时有外教直播。一切的推广，针对的是你想要服务的人群，他希望你提供什么样子的路径，把内容和服务提供给其他人群。

对于品牌的传播渠道，我们也要多渠道、多角度去推广和传播。多纳就是这样做的。

试想，如果我们写一篇文章，仅仅发布在博客或公众号的话，那可能浏览的人群比较少。但是一篇文章除了发布在网站，还通过今日头条、搜狐等自媒体平台分发出去，可能短期内就能得到一个不错的曝光。所以，无论是个人还是企业，我们都需要获取大量的流量来达到传播自己的品牌。构建自媒体矩阵对于企业和自媒体个人来说，都是一个很不错的传播渠道。

对于粉丝来说，有的粉丝并不局限于某个自媒体平台，比如有的粉丝喜欢玩微信，但是有的就喜欢玩 QQ，有的喜欢在今日头条看新闻，有的则喜欢在一点资讯上阅读文章。所以，对于运营者来说，做自媒体矩阵，不仅仅可以获取流量，也会获取更多粉丝的关注。

运营者完全可以把广告片以及一些有关品牌的元素、新产品信息等放到视频平台上来吸引网民的参与，例如，向网友征集视频广告短片，对一些新产品进行评价等，这样不仅可以让网友有收入的机会，同时也是非常好的宣传机会。

网民看到一些经典的、有趣的、轻松的视频总是愿意主动去传播，通过受众主动自发地传播企业品牌信息，视频就会带着教育 IP 的信息像病毒一样在互联网上扩散。病毒营销的关键在于企业需要有好的、有价值的视频内容，然后寻找到一些易感人群或者意见领袖帮助传播。也许是一个笑话、一则新闻，网民看过觉得非常有趣，可能就会产生传播和分享的冲动。这时候每一个人无意中就充当了传递员的角色，心甘情愿地传播，不知不觉地成为企业营销扩散的媒介。

此外，除了选对宣传推广的媒介之外，要想让一个教育 IP 大放光彩，得到经久不衰的传播，离不开 IP 本身传递的价值观。

从这个角度来说，IP 不是故事讲得好、漫画画得好就可以了，相反，内容只是一个载体，消费者通过内容去了解 IP 以及 IP 背后所代表的普世文化价值观，而这个内容在不同的时代是可以发生变化的，但文化、价值观是会永远活下去的。一个作品如果没有形成文化层面的效应，就很难称之为一个成功的 IP。

我们都知道，为什么"美国队长""白雪公主""灰姑娘"这些经典

• 文育 IP •

形象并没有随着时间而被遗忘，每一次银幕重现都会激起几代人的热情，一方面它们作为一种文化价值观，与消费者产生了共鸣，另一方面故事的内容是根据不同时代的消费者需求设计的，能够吸引不同年代的消费者。

在这个短、平、快的新媒体时代，IP 早已不是一种身份之外的标签符号，它本身已成为一种职业、一种变现方式。这跟以往粉丝的取得必须依靠传统的平台不同，只要有想法、有创意，并能进行好的推广和传播，任何一个小 IP 都能打造成一个真正的大 IP。

"消费型"教育产品供给使 IP 变现

再好的 IP，如果不能变现，就不能够提供后续的竞争力，IP 变现营销需要找爆点、找粉丝，进而吸引粉丝参与，这样都有助于建立一个可触碰、可拥有以及和用户共同成长的 IP 品牌。

除了 IP 本身的品质基础，如何定位及"自爆"其实大有门道，而传统强 IP 靠时间与持续正确战术的积累崛起，和新 IP 靠互动、娱乐、主动传播的"爆红"，两者其实各有门道。

在幼教领域，以动漫形式呈现教育内容是一种极为普遍的做法。儿童的认知方式和思维方式等因素，让这种以直观画面展示教育内容的方式成为最适合低龄段儿童学习的不二法门。在此环境下，不少儿童教育机构都有自己独特的动漫形象或者代言角色，甚至一些K-12培训机构也会在针对儿童的培训课程中设计出自己的形象。

受困于盈利模式，目前部分在线幼教产品也开始试水将IP通过这些形象变现。相关的在线产品在盈利方面有很多的局限性，借助品牌影响力，通过其他的延伸产品来获取盈利，对品牌的延伸价值而言，这种做法是很成熟的国际惯例，而且也较为容易落地。

与动漫IP产品相比，幼教产品的IP在影响力和生命周期方面仍显弱势，因此如何将用户的购买力落实一直是一个难题。一则需要拥有用户基础，二则需要拥有丰富内容，变现才能显出优势。

据了解，目前幼教行业与动漫IP合作较具有代表性的品牌为巧虎。因为巧虎热，市场上充斥着大量的"课件类"教育产品，难以给儿童带来良好的教育示范和审美体验。"幼教+动漫"的考验其实不在幼教本身的系统框架和动漫的制作技术。所有的创新和难点在于行业交叉的地方，即如何围绕教育目标去实现更好的动画呈现。

有动画从业者表示，幼儿也具有审美能力，因此动画的内容质量如何将直接影响到其审美体验。"有些动画为了省钱，在动画制作上，内行人一看就是偷懒。不懂的人做出来就会是大量粗制滥造的内容，造成教育体验下降"。

未来早教类IP在国内的市场将具有极大的潜力。但目前在核心质量不过关的情况下，压榨IP后诞生的产品往往难以获得市场的良好反响。优质的内容是比线上和线下更重要的核心，而不是谁来合作及谁来制作的问题。内容的升级，更重要的是把握不同年龄段家长的审美偏好和社会的发展需求。在家长口耳相传的幼教产品领域，渠道的广阔并非产品成功与否的关键要素。

具备了这样的产品，才能得到家长的认可和埋单。所以，教育IP一定要打造"消费型"的产品。

因为有一些产品天然是没有消费属性的，有一些东西是家长不愿意为其付费的。也许你会认为家长有可能在移动端会付费，但是这件事不一定容易。要有消费属性的产品，并且能够在移动端做品牌的打造。做产品不要受限于互联网软件或技术的功能形态，要跳出思维理解产品。教育是个复杂非消费型产品，必然是服务型产品才能满足用户的价值诉求。而一般的工具价值输出太短，社交过于去中心化，价值耗散不符合教育用户诉求。

以往人们的观念总认为大流量带来客户才能实现变现，比如"以免费产品快速积累用户，用轻资产的模式实现高毛利的变现转化"，是人们对工具类产品商业模式的最初设想。而目前的状况，已经完全不同。

超大规模的用户量是工具类产品最大的优势，但对于在线课程的变现，大流量所带来的帮助有限。根据有道词典公布的数据，在6亿用户与一系列工具产品的"庇护"下，有道精品课在2016年末的累计用户为165.8万，付费用户为37.4万，转化率低于万分之一。

所以，真正想要实现IP变现，靠的不仅是流量，更多的是实用，如果真正能给别人提供实用型的产品，用户就会付费。要把一个产品做深、做透，做到线上引量，线下社群，然后再做出衍生品，才能实现真正意义上的变现。

在合作上，要能跟其他知名IP做双品牌的共赢，找大品牌合作，这样做IP授权、开发运营以及渠道运营就会实现更多的拓展。

第六章

发挥 IP 力量,走好变现之路

• 文育 IP •

如何能够更多地占用用户时间

有一个笑话：在某家精神病院，有个精神病人每天蹲在医院门口撑着一把伞，不管刮风下雨日日如此，所有医生都尝试了各种办法，询问、电击、吃药，病人还是如此，不知道病人为什么天天如此。一天，医院来了一位新医生接手这个病人，这个医生不给病人打针吃药，每天也撑起一把伞，蹲在患者身边，过了几天后，病人终于开口，对医生说："你也是一只小蘑菇吗？"

为什么讲这个笑话，这个医生的笨办法，正是目前互联网上常讲的，用来黏住用户的法宝——"用户零距离"。

不管是线上教育还是APP，都是在为学生提供产品和服务，如何让用户满意却煞费心思，也许，用户思维才是互联网思维的核心，因为如果不了解用户，就无法真正洞察用户需求，也就无法提供优秀的产品和服务，更不可能让客户对你的产品产生黏性。一个好的IP，胜出之道就是要做到更加多地占用用户时间，让用户在你的这个小天地里舍得花时间。

如果你在人们的脑海里占据了一席之地，你就塑造了品牌。试想一下，为什么京东如此令人着迷？因为它占据了我们大脑的一部分。每当我们想购买产品，尤其是电子产品时，首先想到的就是京东。打开电脑网站或手机APP，点击两下，京东送货到家，一天后就能在家收到产品了，上午下单有可能当天就能见到自己购买的产品。

在早期，塑造品牌意味着你的网站有了直接的、非归属性的访客。这些访客来到你的网站是没有理由的，除非你占据了他们头脑中的一部分。他们有了想法之后，会直接来到你的网站。从长期来看，这意味着你的品牌会不断传播，因为你在人们的头脑里占有一席之地，人们会考虑到你，这说明他们会和朋友讨论你的网站。

这就是为什么塑造品牌如此重要的原因。品牌会让你得到真正的发展。塑造品牌最好的方式就是你自己去做。当你从零开始时，你就是最好的品牌。当当网、滴滴、途牛等都从零开始塑造了公司的品牌。

品牌的竞争日趋白热化，每年都有成千上万的新产品品牌问世，而且在同一个行业里就会出现许多大大小小的品牌。为了取悦消费者，各个企业都在绞尽脑汁、挖空心思去寻找品牌卖点，不惜花重金聘请咨询公司来进行品牌定位，以期谋求品牌的良性增长。

品牌就是从细节处体现特有的文化，与众不同，让买家立马就能想起产品的属性、风格、定价等。手机就买华为，可乐就买百事，牛奶就买伊利和蒙牛，这就是品牌所体现的消费行为。

占据消费者的心理，让消费者能够花更多的时间在你的品牌上，要做到：

一、准确性

消费者的需求是多样性的，对目标消费者的消费需求一定要详细调研，认真研究。找准最能打动消费者也最符合品牌价值的诉求点，并精心提炼核心需求，做到定位准确。

二、迅速性

消费者信息存贮空间有限，一定要快速抢占，快速置换。品牌定位后，要及时地把信息传递给消费者，而且要传递给尽可能多的消费者，这样才能在很短的时间内产生轰动效应，加速、加强品牌的认知。

三、长期性

消费者会在每天接连不断的信息潮中筛选出可供记忆的信息和事件，而且他们每天还会不断地接收新的信息，并且会根据接收信息的频率和强度而不断地将一些信息送进潜伏的长期记忆区，非经提醒便不会重复记起。所以，在品牌成长的过程中必须不断地把品牌的相关元素传达给消费者，才会达到重复刺激消费者记忆的作用，从而有助于品牌的成长。

要想能够占用用户心智和时间，离不开信任感和传播性。品牌首先要让用户产生足够的信任感，降低他们的选择成本。其次是传播性，你的品牌营销必须能够让用户印象深刻，形成二次传播。要想达到这样的效果，一方面得有新意、有冲突，颠覆人们以往的认知；另一方面必须具有足够高的频次和社交属性，用户在传播你的品牌时，能够提升他们的社交地位，彰显他们的品位、经济实力、幽默感等。好的产品，需要发展成好的品牌才能产生更大的价值，而好的品牌需要精准的定位以及高效的营销才能发挥其影响力，我们常说做产品，其实做到最后，做的就是品牌，未来个体的崛起，其实就是一个个细分领域内品牌的崛起，竞争的终极目标永远是争夺用户的心智和时间。

内容变现，需要"熬"够时间

打造一个IP之后，变现的方式无非就是三种：一是卖产品；二是卖影响力（广告代言）；三是卖时间。如果要做大，IP就必须打磨出有品牌的产品，但是打磨出可以标准化销售的产品是非常困难的事，不经过长时间的积累，很难实现及早变现的可能。

作为一个普遍意义上的IP，起码得具备以下三点：第一，能通过内容聚集有相同调性的一部分忠实用户，这部分用户量要够大，还要有相同的价值观。第二，用户愿意为内容以及衍生品付费——有没有人付费是检验一个IP含金量的重点。第三，内容有很长的生命周期，IP能一代又一代地延续下去，有的小说改编一次还不见得算IP。目前比较普遍的依靠内容

● 文育 IP ●

变现的方式有以下四种：内容付费，视频网站的包年付费模式；广告，内容中插入相关广告；媒体电商，内容处于电商的导流层；社群经济，会员机制，线下活动。

对于很多的教育内容而言，很早就实现了盈利，很多是先从线下开始。很多都是在原有儿童读物、教材或动漫的基础上，开发出的线上传播渠道，因此很多的教育优质 IP 是本身自带用户的。教育 IP 未来一定会越来越多。因为有以下两个理由：

首先，教育的场景符合 IP 诞生的条件。IP 诞生的一个核心条件就是出现频率足够高。教育 IP 一旦和教材绑定，就会不断地出现在孩子身边，构成了一个天然的优势。

其次，教育是一个极度的品牌化市场，例如，已经上市的新东方、好未来，它们更为突出的优势在于品牌，对于消费的家长群体来说，品牌是他们消费决策中的重要一环。而 IP 在很多情况下，是品牌的重要一部分，增强大众对于品牌的认知。

基于这个原因，非常多的创业者希望将自己的 IP 植入到中小学教材中。然而由于中小学教材出版受国家控制，还没有人能够走通这条路。但幼儿教育与中小学不同，因为其对民办企业开放，提供了更多的可能性。

最终决定一个平台是否会受到影响的，仍取决于平台内容本身，其是否能够做到足够专业，以及如何做到发展更多渠道。比如，出版仍然是一个重要的方向，新东方、多纳从前年开始和出版社谈合作，其出版的图书常年排行京东儿童优质图书的前列,也给予了多纳巨大的曝光量。当然,除了图书出版之外,大部分的儿童 IP 公司都在借助新的媒体资源,例如,多纳在喜马拉雅上开了电台,贝瓦在优酷、爱奇艺上都有投放,播放量都在亿次。

对于内容变现来说,"熬"是一个符合场景的词。中国的内容消费市场的秩序并没有完善的建立,从利益分配的角度来说,创意生产者在产业链上属于弱势状态。例如,一个儿童的 IP 通过渠道销售出去,从广告商、渠道商、内容制作者,再到创意拥有者,收益是逐步降低的,可能一个好的儿童编剧写了 2~3 个月,收入少得让人可怜,因为很多人还没有建立对优质内容消费的购买习惯。

但从国际上来看,内容的创新者和商业的变现者最好是两波人,"要养着"是对于内容者最好的对待和激励。

网游模式下的用户交互与行为

用户体验是用户期望与产品反馈之间的落差,落差越小,体验越好;落差越大,体验越差。互联网发展到今天,用户体验会趋向于圈层经济、消费升级、愿意为设计埋单、习惯于被服务,而用户需要的体验是够安全、被打动、被取悦以及有共鸣。

● 文育 IP ●

交互设计改变了设计中以物为对象的传统，直接把人类的行为作为设计对象。在交互行为过程里，器物包括软硬件只是实现行为的媒介、工具或手段。交互设计师更多地关注经过设计的、合理的用户体验，而不是简单的产品物理属性。人、动作、工具或媒介、目的、场景构成交互设计的五要素。传统理解的设计，强调物的自身属性合理配置，是"物理逻辑"，而合理组织行为，可称为行为逻辑。

"易用"和"效率"是产品用户体验最重要的评估标准之一，所以要通过用户调研、焦点小组、问卷待查、任务测试等方式发现并记录一些用户生活中的操作习惯，并把这种操作习惯与产品交互方式结合，以达到降低学习成本的目的，并提高用户黏性和用户体验。

懂交互的人都知道，交互的设计对象是行为，不再是物。在需求正确的情况下，目标用户依然觉得你的产品难用，多半是用户在完成某任务时体验不佳，问题可能是不符合用户心理模型、行为路径过长、支线任务太多干扰到主线任务等。今天我们就从用户行为的角度去谈谈互联网产品设计。

在产品设计文档编制方面，理论和实践是完全不同的两码事。我们都知道用户中心设计的基本原则。我们也都能从纷杂的方法中辨别各种不同的研究方法、原型制作阶段以及文档编制技巧的整体流程，但是，你还是会经常问自己这个问题：在实践中到底怎么操作？

在实践中，要多把设计的工作提升到用户目标的层面来思考，然后再进入到任务和行为的设计，先看用户要什么，再看怎么设计功能和结构才能更好地帮助用户实现目标。在当今这个崇尚简约、灵活的时代，用户体验的关键应该是产品的核心，而不是整体交付成果，不论你选择简单的还是详细的流程，关键是要保证文档能够帮助设计向前推进，而不能只是一个滞后的指标。

用户体验设计师是互联网思维下的产物，目前阶段大多也都服务于互联网产品，所以，用户体验设计师必须顺应时代步伐，先要有互联网思维，再要有设计思维，要在这两种思维中达到平衡。互联网思维有五个关键词：便捷、参与、免费、数据思维、用户体验。也就是说互联网提供了一个更加平等、开放、注重人性的平台，这个平台上，你的真正价值点不在于你有什么，而在于你为用户提供了什么。

尤其对于教育类的产品，如果不能够做到为用户提供有价值的输出内容，就会在泛滥的教育产品中很快被淹没。

对比分析互联网三种常见变现方式（广告、电商、游戏）的产品，不难发现游戏产品的用户独有的一个特点——不少玩家自愿花费时间与金钱在某款他们喜爱的游戏产品上，可见游戏本身有其独到的吸引力，而游戏玩家的这一特点就是鼓励用户花更多时间在产品或服务的体验上，随着对品牌认知、产品体验深度的递进，用户埋单的概率或者额度也会加大（体验经济的代表迪士尼乐园建造的时候便在园区埋下引人入胜的体验场景，它希望游客更长时间地停留在其营造的乐境中，游客会为"快乐"付更多

• 文育 IP •

的钱），这是一个双赢的过程，并不是鼓励以刻意制造成瘾性或挟持用户时间诱导消费为导向去设计产品服务。

在产品服务设计领域中有这样一个法则：如果在常规服务流程中提升体验的空间较小，那么可以尝试增加服务触点来提升服务质量与价值以形成差异化竞争力。相比功能性产品交互设计的"减法"导向，体验型产品的服务设计则更提倡"加法"。而我认为，游戏化是体验设计中做"加法"的一个不错方向。

只有把教育产品多加入游戏的元素，按照这样的思路去设计产品，就会使变现之路实现起来相对容易些。

首先，设计者需要明确一个商业上的目标，并确定与目标有关的行为。例如，社交网站的游戏化是围绕用户活跃度来设计，那么相关的游戏元素和奖励机制就要围绕这一行为来展开。否则，即使是有效的游戏化也不一定能达到期望的结果。

其次，将目标用户分类并进行用户画像。好的游戏化应用应该能满足不同类型用户的需求。将目标用户进行分类，并用一个明确的形象来指代一组人，细节越多越好。然后，再分析这些用户具备哪些巴特尔所提到的类型要素，理解他们的爱好和行为模式，再根据这些信息进行设计，并在游戏化系统中为他们提供不同的选择。

最后，设计出一个明晰的活动回路。游戏化不是一个点，而是一个持续的过程。用户的活动由其动机产生，而活动的结果获得正向的反馈之后，又会产生新的动力，反馈和动机构成了用户行为的两个关系因素。在一个好的游戏化场景中，用户随时会知道自己行为的结果，获得及时的反馈。前面提到的点数、徽章、排行榜都是反馈的表现，当然也包括实体奖励。

在设计领域中，游戏化是一个基于用户体验衍生出的革命性理念，它通过把游戏中对于人的欲望不断强化并带来的机理引入到产品服务或营销活动中，将平凡的体验变得有趣，进而牢牢俘获用户的心，促成交易以达到商业目的。

而反观游戏本身，在多数人眼里也许它只是"好玩"而已。事实上，游戏也是一系列规则与意义的整合，是人性与设计的融合。合理利用游戏的框架、思维和工具，企业可构建更高效的协作方式，课堂可营造更愉悦的学习氛围，人们也能在现实生活中创造出不一样的乐趣。

用专业的人做专业的事情

何谓专业？其实就是专注于一个行业，就是指某个人对某一个方面的技能或者知识进行深入而全面的学习，掌握相关的技能，且在实际的工作中展现出个人的才华。每个专业都有其固有的特点与规律，这种特点与规律是需要专业人士深入细致地研究与琢磨，而且这些特点与规律都被这些

• 文育 IP •

专业人士熟练地掌握与运用，他们尽可能在自己能力范围内把这些专业事情做好，做到极致，他们也清楚自己在专业方面存在的不足与缺陷。即便如此，专业人士肯定要比非专业人士在某个专业方面的工作要做得更好，毕竟他们对专业的了解深度、认识广度比一般人要高。

隔行如隔山，专业人士之所以能够在一个行业里出类拔萃，立于不败之地，首先，要具备专业水准。要能够真正懂得专业的特点与规律，要能够站在一定的高度来审视专业的现状与未来发展的趋势，要能够很好地把控当下专业出现的状况并能够及时做出适合的选择与调整。

其次，专业人士更重要的是还要有职业精神与高尚的职业操守，追求极致。这显然要比专业知识、专业能力更为重要，有了专业知识与技能是可以做成事情，但并不一定能把事情做到最好，因为如果只是满足于做完，那是一件并不复杂的任务，那只是为了完成任务，这个专业人士所做的事情可能无法达到最佳的境界。比如，新东方之所以能做成教育的龙头，在于创始人俞敏洪就是做教育出身，他招募回来的合伙人，不是做教育的，就是做教育投资的，甚至是教育行业的观察员，如此一来，全部是专业的人，当然能做出专业的事情来。

再比如，"芝麻街"背后有美国电视台，"天线宝宝"背后有 BBC，巧虎背后也是有百年历史的倍乐生，对于一个教育 IP 来说，学会"跨界"做事，用专业的人做专业的事情，让创意更为健康地生长，才是长远之计。

同时，聚合各个领域的专业团队，才能实现共享共赢。任何企业不可能在所有资源类型中都拥有绝对优势，即使同一资源在不同企业中也表现出极强的比较优势，从而构成了企业资源互补融合的基础。特别是已经固化在企业组织内部的某些资源，不可完全流动交易，如营销渠道、市场经验、客户数据库资料等无形资源，不便通过市场交易直接获取。要获取对方的这些独特的资源，必须与之建立合作关系，实现双方的共享和互补。

任何企业家都不可能拥有世界上所有的资源，你手中可支配的资源总是有限的。想要实现自己的发展目标，就必须利用自己手中可占用和支配的资源与他人交换自己所需要的资源，同时让对方也能得到他想要的资源，从而提高市场竞争力。

人类教育活动有数千年的历史，发展到今天，已成为一项非常专业的工作。教育在当今社会又是基本民生，如同穿衣吃饭涉及每一个人，所以需要有兼听的态度，开阔的视野，更为重要和根本的是需要具备专业理性，以专业的方式把教育办得更好。教育改进内容应该是专业的。互联网的普及让传播的信息量很大，但只有经过专业筛选的内容才能进入教育教学环节。

真正有价值的IP是应该具有产业性的，且具有的内容是可实现的。它能凭自身的吸引力，脱离单一平台的束缚，可在多个平台或行业上获得流量，并进行分发。IP方为何收取价格不菲的授权费呢？那是因为IP方在创作IP作品时，不仅投入大量的制作成本，更多的是持续的传播费用。成

• 文育 IP •

功拥有多动漫 IP 的公司在国外有迪士尼、BBC、三丽欧等，在国内有咏声动漫、奥飞娱乐等。它们先经过大量的消费者喜好调查分析后，创作一些具有鲜明个性的人物及其戏剧化的生活故事，然后制成动画，公映，多元化推广，进而生产周边衍生品等，以此吸引特定的消费群体。

由于技术的更新越来越快，产品的生命周期越来越短，用户需求越来越个性化和复杂化。以前稳定的商业生态环境一去不复返，新型时代——跨界合作时代悄然而至。

"IP"是自己原创好还是借力好呢？两者都可以成功，只是后者借力知名 IP 比较符合当今飞速变化的市场环境而已。这也取决于公司本身的体量和你对这个 IP 价值的收益预期。

因为打造超级 IP 并非易事，与其立志做与花十年做都未必成为"乔布斯"，还不如认真做好苹果公司的合作伙伴，支付一点点授权费用，直接就把上百号专业的动画公司用了几年时间付出的血汗成果放在自己的乐园"篮子"里。最起码无须投入大量精力、市场费用去宣传。这个道理相信聪明的投资者和经营者们都会想到。

AR 教育对儿童教育市场的助力

AR（Augment Reality）技术就是增强现实技术的简称，是一种基于虚拟现实的新技术，它能够将立体动感的虚拟形象实时叠加到真实的场景之上，通过手机、平板电脑等设备显示出来，它可以增强现实人机交互技术，可以模拟真实的现场景观，虚拟现实技术是一种可以创建和体验虚拟世界的计算机仿真系统，使用者不仅能够通过虚拟现实系统感受到在客观物理世界中所经历的"身临其境"的逼真性，而且能够突破空间、时间以及其他客观限制，感受到在真实世界中无法亲身经历的体验，给人以强烈的沉浸感。

我国引进的 AR 技术目前主要运用于儿童科普产品开发，与国外在 AR 各方面都相对成熟的状态相比，国内的增强现实应用尚处于萌芽状态，AR 行业虽然刚刚起步，但没有技术"瓶颈"，AR 的儿童教育产业也可以变成一个良性循环。要想赢得市场，内容为王是个不变的道理，优秀的内容生产商才能占领市场。

公开资料显示，全球每天约有 36.5 万人出生，其中 57% 出生在亚洲，中国又是人口基数和出生率较高的国家，加上二胎政策的出台及执行，可以预见的是，未来很长一段时间内，儿童市场可开发空间广阔。

AR 技术通过三维图形或动画、音频或视觉信息等方式增强特定内容，给传统出版物及教具注入新的活力，以直观的形式加深孩子对抽象事物的理解。通过扩充大规模范围内多人在线模式，以及把虚拟世界化身融入真实环境的方式，增强现实，突破空间、时间限制，延展教育范围。

与纯平面类或者纯音频、视频儿童教育产品相比，AR 儿童教育产品

● 文育 IP ●

利用 AR 技术，给儿童提供交互式教育产品，包括图书、卡片、益智玩具等辅助工具，在娱乐的同时将自然、动物、植物、地理、历史等方面知识传授给儿童。在这一过程中，通过 AR 技术植入，将立体动感虚拟形象与真实场景相融合，并借助手机、平板电脑等外接设备显示出身临其境的临场感，增强使用者与 AR 技术的交互感，改变传统的单向阅读模式，将科普知识呈现出立体化、互动化、趣味化、知识化的多维表现形式，让孩子们在玩乐中体验无尽乐趣，既接触更多未知领域，又能提升思考及记忆能力，此外还能与父母进行亲子互动，在游戏中培养亲情。

相对于传统的早教产品，借助最新的 AR/VR 技术则能实现参与的情景体验模式，并且为家长参与到孩子的学习中创造了便利条件，无须再自行创造场景，可随时辅导孩子学习。这种虚拟与现实的互动性具有传统早教形式所无法比拟的优势，彻底颠覆了枯燥乏味的学习场景，这也是其能够在短期内吸引市场关注的重要因素。

大家都把 AR 叫"神奇的阅读"，它能把平面的信息立体化，还能对立体的物品进行识别，包括实时交互、多感官整合等，它具有新颖、有趣，寓教于乐，能激发小朋友的兴趣等优点。

无论是内容创造，还是交互体验，要始终坚持尊重教育的本质，遵循孩子的天性，在使用任何一种新技术时都要以辅助性工具的角色出现在产品中，从而开发出"好看、好听、好玩"的科技型学习产品，来为孩子们打开探索世界的窗口。设计理念要根据这一年龄的儿童学习规律进行，针对不同阶段的孩子有不同的体验，真正做到科学引导，寓教于乐。

动画片或者动画大电影早已形成周边延伸产品产业链，而当下，在 AR 技术出现后，将这一产业链进行扩展。《三只小猪》这部 IP 大电影便是动画 IP 与 AR 相结合的儿童教育产物。

可以预见的是，AR 技术将实现三维模型、语音介绍、视频、动画等多种媒体与儿童教育的结合运用，足以对儿童教育产品领域产生深远影响及市场推动力。

第七章

未来趋势性探索

• 文育 IP •

互联网搭台，教育唱戏

在教育 IP 的打造方面，正保属于该领域的佼佼者名副其实。确切地讲，正保就是一个互联网教育平台。无论一起作业网，还是 100 教育，所创建的在线教育平台完全可以视作正保教育的"后来者"，甚至连沪江网也只能望其项背。

正保以"中华会计网校"起家，采取行业扩张战略，"拿下"一个行业增加一个网站。目前，正保拥有 16 个品牌网站，开设了 200 多个辅导类别，覆盖 13 个行业，76% 的收入来自会计、医疗、建设工程这三大领域。其中，中华会计网校在会计类考培市场份额超过 70%。其他有影响力的网站包括：法律教育网、医学教育网、建设工程教育网、自考 365 等。

很多行业研究人认为，正保创始人朱正东的成功在于，似乎总是处于某个"风口"。2008 年，正保在纽约证券交易所上市，所乘的是教育概念的"风口"；2012 年，正保股票价格异军突起，所乘的也是在线教育的"风口"；2014 年，正保财报亮丽亮相，所乘的则是职业教育的"风口"。

"风口"是互联网的热词，如今，移动互联网技术如火如荼，各家教育培训机构竭力鼓吹移动学习。然而，早在 2013 年 10 月，正保就推出了三门独立收费的会计移动课程，目前累计缴费学员人数已经超过了 3.4 万人次。2014财年，正保又推出了移动电子书，打造了一个交互式的学习环境，学员可以边阅读教材边记笔记、画重点、做练习题和查看解析，还可以享受答疑服务，解决学习中的难题。在过去的一年中，正保有近70%的常规考培课程学员使用移动终端进行学习。

现在，正保旗下的职业教育培训网、考研教育网、外语教育网、财考网、创业实训网等网站运营良好，并正在培育中小学和职业领域的其他项目。

尽管正保属于纯粹的在线教育机构，但却并没有忽视线下服务对于在线学习的作用。正保在行业内率先建立并一直坚持365天、7×24小时客户服务，随时为学员提供各种在线服务；各个网校均设有专家与学员在线交流，并可以进行语音互动。正保还确立了"一答一审"双重审核机制，即每一道题都由两位答疑老师负责，以保证每个学生的问题能够得到准确解答。

众所周知，教育产品不像快消类产品，学习效果、学习效率、学习体验等都是重要的环节。正保采取平衡发展的战略，也是出于教育本身的特征考虑。据称，正保平衡发展战略的基础就是在增加现有课程的招生和增加新课程、进入新行业方面保持平衡。其战略核心是必须确保公司所提供的所有课程均是高质量的。

正保之所以如此成功，成为在线教育的领头羊，它的商业模式和运用思路值得我们学习和借鉴。

• 文育 IP •

首先，打造之初迎合市场刚需。正确定位，找到有需求的使用群体，是在线教育迈向成功的关键一步。数据统计显示，目前在线教育初创企业主要集中在四大领域：幼教、K-12、语言培训以及职业教育。其中，K-12教育与职业技能培训市场所占比例日益凸显。正保一开始便将目标锁定在了职业教育，更准确地说，是该领域中的会计行业。我国拥有庞大的会计从业人员，会计培训亦日渐火热。起步于中华会计网校的正保教育，有着多年会计教学经验累积，对应市场需求，能够全方位实现供给。

其次，多元化发展占领市场。不仅仅是会计行业，职业教育市场整体需求量都出现了明显提升。2009年至今，中国职业教育市场规模不断扩大，这也间接提升了人们对于相关职业教育课程的学习需求。而正保从2000年成立后开始意识到了多元化发展的重要意义，复制会计领域的成功经验，正保以"一个一个行业地加，成熟一个加一个"的方式，逐渐向法律、医学、建设工程等行业进行横向拓展，多行业占领职业教育市场，并都取得卓越成效。目前正保旗下医学教育网、建设工程教育网、法律教育网、自考365的市场占有率均在40%以上，居行业首位。此外，公司也在K-12领域和学历教育以及语言培训领域积极拓展，努力完善其"终身教育体系"和"完全教育体系"的战略规划。

再次，用教育经验完善课程。内容质量是在线教育成败的关键，经验的积攒需要岁月的累积。在这方面，正保的优势明显高出在线教育领域的"新成员"。十几年的口碑与优质内容的持续供给使其受到越来越多学员的认可。据悉正保有超过 300 名助教、300 多名课件和技术相关员工，为学员提供优质的课件和内容。自成立以来，千万名学员对于学习问题的记录以及他们的使用数据都保留在正保数据库中，基于这些数据，正保可以不断实现课程的更新与完善，而庞大的名师团队则成为知识注入的有力保障，颇具资历的教师凭借自身多年的经验，对学员进行更具针对性的教学，从而确保高质量的辅导效果。

最后，用细节优化客户体验。在消费者话语权越来越强的当下，用户体验直接影响到产品的口碑。在线教育的特殊性在于其载体是互联网，因此网站流畅度、界面操作方便程度、服务细节等决定了用户是否有好的学习体验，影响到学员对于网站的使用黏度。如果学员整日面对操作不流畅、服务不完善的网站，那么就很难对网站进行持续使用。

为规避这一问题，提升用户黏度，正保在用户体验上进行了巨大的投入，从具备多种播放效果的三分屏模式网上虚拟课堂，到集课程讲座、讲义、题库、答疑、学习记录等多项功能为一体的高清视频课件，再到以知识点为核心、10 分钟左右为一课时的移动端专属课堂，正保从未停止在提高用户体验满意度上的创新。配合着一直坚持的 7×24 小时呼叫中心客户服务、在线答疑、直播交流等多重交互式服务，正保教育为学员提供着精彩的学习体验，获得了百万学员的青睐。

总之，K-12 教育和职教培训分别占据了互联网教育市场最大的规模。以正保为代表的在线职业教育培训，已经形成了较为成熟的商业模式，收入的大部分来自在线业务，其未来的发展目标也是借助互联网的趋势，不断提高渗透率，实现长期盈利。与此同时，K-12教育尚未形成一定的商业模式。正保拥有的网站中有中小学教育网，而其开放平台也有中小学频道，不排除正保教育借助成熟的在线教育模式大规模进入K-12教育领域的可能。

内容"新颖"是王道

说起学英语，家长们非常热衷，但限于两个原因很多家长并不能够让孩子顺利学习，其一是没有好的语言环境，孩子对英语学习不感兴趣；其二是大部分英语培训机构非常昂贵，让家长望而却步。但有一个儿童教育产品可谓家喻户晓，孩子们不但爱看动画，还不知不觉跟着学会了很多英语。那就是《爱探险的朵拉》系列儿童动画和产品。

《爱探险的朵拉》是由美国尼克频道（Nickelodeon）2010年开始制作的教育类的系列动画，由瓦莱丽·沃尔什（Walsh Valdes）、克丽丝·吉福特（Chris Gifford）以及埃里克·韦纳（Eric Weiner）共同创作和制片。每集制作历时18个月，公映前会有75个孩子试看并修改。专为学龄前儿童及妈妈们设计的中英双语节目。孩子们跟朵拉一起加入探险的旅程，到世界公认的美式英语少儿教学片，它通过朵拉每一次探险的故事，教会小观众在观看节目的过程中自学有趣实用的英语单词和词组。这套节目精心的故事编排与美丽活泼的画面，会让孩子充分享受求知和探索的乐趣。

该片讲述了一个精灵般小姑娘朵拉和她的好朋友 Boots 的探险旅程。朵拉天真、可爱、充满好奇、热爱探险。每一次探险她都会教小观众一些日常生活中有趣实用的英语单词和词组。

在朵拉的探险世界里，有开阔视觉空间感的培养、提高口语表达的良方、加强逻辑数字感的途径及提高音乐听觉的训练等，在童趣、贴近孩子视觉的启蒙系统里，朵拉带来的不仅仅是狭义的知识面，更是广义的启蒙。宝宝通过精心的故事和美丽活泼的画面，除了学习到英语以外，还可以充分享受求知和探索的乐趣，帮助孩子建立快乐、自信的人生观念。

动画中讲述的是一个善良温和的 7 岁拉丁女孩朵拉，和自己的好朋友猴子 Boots 一起探险的故事，每一集都是任务与教学并行。任务进行的过程中，朵拉会和片中的其他人物以英语对话，并教授学前小观众们西班牙语。

《爱探险的朵拉》作为尼克频道第一个幼儿卡通人物，刚亮相就在商业节目的幼儿动画片排名第一，并连续十年成为最受小朋友和家长欢迎的动画片。目前《爱探险的朵拉》在全世界 151 个市面中同步播放，并且被翻译成了 30 种语言。除了美国、澳大利亚、加拿大、新西兰和爱尔兰教授西班牙语，在其他国家都教授英语。2010 年《爱探险的朵拉》开始进入中国在东方卫视少儿频道播出，以中文配音，同时教孩子们英语，受到了广泛的好评。十周年之际，尼尔森媒体调查数据显示，朵拉在全球已经有 1 亿多的观众。

朵拉之所以能够赢得这么多观众的喜欢，在于能够实现和幼儿观众的充分交互，虽然受限于非触屏的视频形式，朵拉在完成任务的过程中让电视前的孩子们参与回答问题并思考。

几乎每隔一分钟左右，朵拉就会给电视机前的孩子们提出一个能够找到明确答案的问题或者要求甚至寻求帮助，比如"你发现捣蛋鬼 Swiper 了吗？""和我们一起唱……""我们该怎样过河呢？"然后停顿 5 秒左右的时间等电视机前的孩子们做出反应再继续。并且在任务完成后，对观众说"没有你我们就不可能成功，谢谢你的帮忙噢！"

大多数动画片或者教学视频都只顾自娱自乐，小观众仅仅被要求观看或跟上节奏，这对内容提出了很高要求，更何况是否有充足的反应时间对小观众来说几乎有决定性的影响。《爱探险的朵拉》之所以能吸引幼儿观众，很重要的一点就是能做到充分的交互，小观众得时刻准备应对朵拉的问题和提供帮助。

朵拉出场时会问屏幕前的小观众："你叫什么名字？几岁了？"引导小朋友们自我介绍，停顿几秒后朵拉再进行自我介绍，"我叫朵拉，7 岁"。

讲故事是朵拉最新颖的地方，朵拉说讲故事的时间到了，猴子 Boots 非常高兴地跳出来，首先给出一个任务：从会说话的背包中找到一本红色的童话故事书，背包唱歌式地说出自己的功能，并引导小观众完成任务，然后朵拉和猴子开始讲童话故事。

根据所讲的童话故事引出目标任务：到大红山找童话故事中的那只大红公鸡，然后由会说话的地图给出去大红山的路径——先走过一座桥，然后穿过一扇门，最后到达大红山。

在探险中完成任务。探险的过程中有两个环节，过桥：引导小朋友寻找桥，在路上有捣蛋鬼狐狸搞破坏；桥面上有几块木板掉进了河里，需要补齐，缺少的木板有大的和小的，引导小朋友学习英文 big 与 little；穿过大门，寻找大门并到达大门口，开门需要钥匙，引导小朋友用英语数钥匙上的数量。然后庆祝并回顾探险过程。朵拉和猴子以及其他小动物一起边跳舞边说唱以庆祝成功，并引导小朋友回顾探险过程。在整个探险的过程中，充满了欢快的节奏音乐。动画旁白用普通话完成，关键环节和衔接部分用英语。

"朵拉系列"教育 IP 的成功之处在于：这部动画片新鲜独特的创意、明快有趣的情节、精心策划的互动、缤纷生动的画面，让孩子在看动画片的时候能参与互动，不知不觉地喜欢上学英语和对话。同时，通过朵拉每一次探险故事，教导小朋友生活中有趣实用的英语单词和词组，让孩子们在游戏中学习，快乐与智力双丰收。《爱冒险的朵拉》可提升 2~8 岁幼儿的视觉空间感、逻辑数字感、音乐听觉、口语表达、肢体运动感，以及提高幼儿的社交技巧、独立思考及解决问题的能力，是一部寓教于乐、让小朋友观看后能增长知识的卡通节目。

• 文育IP •

所以，教育IP的打造需要十分重视用户的实际体验，好的用户体验加上生动有趣的内容，才是成功的重要依据。

IP成长离不开衍生品

参考教育行业IP的成功模式，一定不能忘了"巧虎"，如今我们看到的、接触到的"巧虎"产品，实际上是其动漫的衍生品。

巧虎分为《乐智小天地》和《巧虎开心成长》两部分。巧虎《乐智小天地》是具有独特分龄分版形式的综合性幼儿学习商品。巧虎采用了独特的"连动学习+多元游戏"模式，通过配套结合的各种教具来达到联动的学习效果。商品由读本、父母用书、DVD影像教材和教具（玩具）等组成，利用不同的媒介特性，将要教导的内容，通过平面、立体、视觉、听觉等多元方式进行传达。配合学习主题，设计新鲜有趣的动手游戏来引导学习，在培养小朋友各项能力的同时，也让小朋友养成独立学习、独立思考、独立生存的个性。

《乐智小天地》是主体产品，是利用从日本引进的分年龄层的家庭教育模式，主要针对1~7岁的婴幼儿，以启发儿童的各种能力并培养良好的性格和生活习惯。根据孩子的年龄特点分为月龄版（7~24月龄）、幼幼版（2~3岁）、快乐版（3~4岁）、成长版（4~5岁）、学习版（5~6岁）、彩虹版（6~7岁）、星空版（7~8岁）。每月的《乐智小天地》都由以"巧虎"动漫形象为载体的系列玩具、图书、DVD组成。

巧虎的商业模式之所以能成功，在于以教育IP塑造为基础，衍生出丰富的周边商品和媒体作品，结合线上和线下的体验营销和社交营销达到变现。

线上：巧虎采用电商、网站两种途径进行销售。网站是巧虎的品牌窗口，在《乐智小天地》刚进入中国之时，即采用网站或电话申请体验产品。从2010年起，主体和周边产品均可在官方网站上进行订购。目前，巧虎合作的电商渠道包括网易考拉、有啊、拍拍、易趣、京东商城、红孩子、卓越网等电商网站或母婴用品网。

线下：代理商、经销商、实体店面相结合。在中国大部分的城市都有巧虎的代理公司。同时，巧虎在大型商场人流密集的通道中，设立小型商铺，作为商品展示、用户的体验以及申请订购《乐智小天地》，并在销售柜台售卖《巧虎开心成长系列》。同时，巧虎也开展社区活动、展会进行线下推广。

社交营销主要从育儿网站、亲友口碑进行打造。巧虎与育儿类网站合作，派发免费体验装及用后分享，通过网页小游戏推广，增加用户黏度以及信赖度，促进产品营销。在亲友口碑营销方面：主要走体验经济和有偿亲友介绍模式，作为核心推广模式，增强说服力和提升品牌可信度。公司将"体验光碟"及"体验玩具"免费送入用户家庭，获取潜在消费者，并

• 文育 IP •

将口碑接收者转换为产品体验者。同时，会员只要介绍亲友订购即可获得一定的礼物奖励。

巧虎除了营销做得好，首先其产品优势也是取胜的关键。

其一，巧虎系列产品从根本上抓住了家长在子女教育投资上价格不敏感的特点，对接家长缺乏幼教知识和工具的痛点，结合先进的教育理念，与中国福利会合作成功本土化定制，成为一款优质的幼教产品。进行分龄、分版，根据各个年龄段的孩子的认知能力和心理特点制定适宜的学习计划和内容，选用有效的教学方式和媒介。如此就解决了很多同类产品的年龄跨度较大，针对性差，内容制作水平较低的问题。其二，巧虎在不同的国家和地区对产品的命名、内容均有调整，例如，其在中国内地名为巧虎，而在日本名字为小岛次郎，采取不同国家的习惯及偏好的命名方式迎合市场。而日本版的巧虎有妹妹小花，中国版本则响应当时的"计划生育政策"，以一个孩子为主。

此外，在具体的内容方面，公司选择与中国儿童福利会出版社合作，组成项目挑战组，利用中国儿童福利会对于幼儿的了解，为自己的内容进行把关，同时吸纳中国教育专业人才策划本土化的内容。聘请中国知名高校幼教专家作为"巧虎育儿专家"，制定每期的主题和内容，并每年根据"满意度调查"的问卷调查反馈，调整内容重新规划制作。

其次，先发品牌优势。巧虎进入中国市场较早，其先发优势也成为重要的壁垒。至今巧虎已累积了10年的品牌效应，口口相传的模式比较成熟。口碑营销是一个长期累积的过程，目前幼教行业处于高速发展的状态，不同于十年前的起步阶段，宣传营销方式都需要"快、准、狠"，新进入者口碑营销慢发酵模式很可能使得新进入行业的企业在口碑未发酵之前即被驱逐出局。

最后，规模效应带来成本优势。巧虎主体产品的定价为1个月110~125元。假如取120元作为巧虎平均售价，假定产品设计及物料成本约50元，包装与物流成本15元，销售成本20元，暂不考虑管理费用、财务费用、营业税等，估算营业利润约为35元。

同类产品的用户规模不及巧虎，在产品设计、内容制作和IP锤炼上投入的产品占比就会显得过重，压低毛利率。特别地，优质IP打造需要大量IP作品长时间、高质量、高频次的产出。此外，从物料制作、包装、销售等角度，巧虎领先的用户规模也将带来一定的成本优势。

从IP背后发掘商业逻辑

《小猪佩奇》是一部英国的学前电视动画片，也是历年来最具潜力的学前儿童品牌。由英国E1 Kids于2004年5月31日发行首播后，其动画片已于全球180个地区播放，至今共播出5季。时至今日，《小猪佩奇》已成为国内最受儿童欢迎的动画片之一。虽然它没有跌宕起伏的情节，没有空洞乏味的大道理，但它所有的故事，都在教我们一个字——"家"。爸爸、妈妈、宝宝每天快乐地在一起，踢球、郊游、做饭，甚至孩子淘气地踩泥坑，干什么都是那么幸福，它表达了一种温馨的、日常的感动。

这个动画片之所风靡全球，家喻户晓，在于以下几点：

第一，动画片色彩搭配柔和适度，观感好。设计者用简单的人物线条、柔和的颜色搭配，配上欢快的背景音乐，给观赏者带来舒适的视听觉体验。对比其他动画片，有的颜色过于鲜亮，有的屏幕内容过于饱满，显得刺眼和杂乱。

第二，角色、内容丰富，人物个性鲜明。《小猪佩奇》里的猪爸爸宽容憨厚，对孩子包容，有爱，教育方式值得学习。猪妈妈温和耐心，从来不会对佩奇和乔治吼叫，即使孩子们做错了事，也是和颜悦色的。佩奇的弟弟乔治，可爱且淘气，还有点不太懂事，但是总会和佩奇和平友好相处。

第三，情节简单无暴力，贴近生活又加以想象创新。情景设置，大多取材于日常生活，都是孩子们平时所见、津津乐道的。摒弃暴力情节，通过日常生活中的小事，如玩玩具、吃饭、放风筝、滑旱冰、跳水坑、旅游、划船等，穿插着孩子的欢笑、父母的陪伴、小小的冲突以及彼此的包容，实现教育的正向引导。从常见的家庭事务出发，加以想象创新，带给孩子思考延伸的空间和对未来生活的憧憬，开阔思维的同时，不乏教育意义。

第四，极具教育意义。《小猪佩奇》整部动画片的主题是家庭。片子在轻松愉快中让孩子体会了很多东西。动画片中佩奇的父母和爷爷奶奶对待问题的解决方法和态度，对于大人也有很好的教育意义，比如，佩奇觉得蝴蝶最好看，所以她模仿蝴蝶飞，而弟弟不愿意模仿虫子，爷爷没有对佩奇和弟弟进行教育，而是他开始模仿虫子，弯弯身体，弟弟觉得很好玩，于是模仿起了虫子。不用说教来教育孩子，而是用实际行动来带领孩子们。

除了制作内容的优良不可复制外，《小猪佩奇》的成功是多层面的，涉及动漫产业链的多个环节。

《小猪佩奇》所面向的家长是"80后"和"90后"的年轻群体，这个群体对于如何经营家庭、如何成为称职的家长、如何教育孩子、如何处理夫妻关系等家庭问题充满了疑惑，他们正在寻找一种认同的家庭生活方式。"80后"和"90后"在成长过程中接受了互联网的洗礼，接触到各种各样的观念，包括"家庭观""育儿观""夫妻观"等，其统称为"家庭生活方式"，他们心中向往的"家庭生活方式"与上一代给予他们的"家庭生活方式"截然不同，然而他们的知识和生活经历却不足以指导他们形成自己富有定见的"家庭生活方式"，所以他们渴望找到一种认同的"家庭生活方式"作为范本。

"80后"和"90后"家长作为市场消费的主力军，他们心智中"认同的家庭生活方式"的位置却几乎一片空白，此时《小猪佩奇》来了，事实

• 文育 IP •

上它并不完美，但是恰到好处地呈现了一种年轻家长所认可的生活方式，于是它快速占据了这个重要位置。小猪佩奇一家人虽然是动物，而且脑袋长得像吹风筒，但是将角色特征抽象化了，反而有了代入感，而且人类自古以来都有与动物互相比喻的习惯。另外，小猪佩奇"讲故事的能力"确实值得学习。

《小猪佩奇》不但深受孩子喜欢，也广受家长热捧，均产生观看动画片、购买周边产品的驱动力，实现了亲子双向驱动，是一个优质的亲子双向驱动型 IP。

从需求的角度说，小猪佩奇之所以能够产生双向驱动力是因为同时满足了家长和孩子两端的需求。

家长需求：实用性为主，偏理性，要求有用、有教育意义、益智等。

孩子需求：趣味性为主，偏非理性，要求好玩、有趣、代入感等。

值得一提的是，目前流行的国产儿童 IP 大部分属于"单向驱动"，包括"孩子驱动型"和"家长驱动型"。然而大部分儿童 IP 最终都会往儿童乐园、日常用品、服装等品类延伸，而这些品类的购买决策不光需要儿童端的驱动力，更需要家长端的驱动力。

所以，打造教育 IP，可以从《小猪佩奇》的模式中学习，不但要打造精品内容，让人容易接受的情节，还要注重打造双向驱动力。因为，任何一个教育产品面对的不仅有孩子，还有家长。只有家长和孩子都认可和接受，才是一个成功的 IP。

第七章 未来趋势性探索

IP 的升级之路：从教育到综艺。《一年级》是湖南卫视推出的一档原创校园纪实节目，由湖南卫视节目制作中心制作。该节目已经制作三季。

《一年级》包括：《一年级·小学季》《一年级·大学季》《一年级·毕业季》，主要讲述了不同阶段的一年级新生进入校园之后的生活故事，并由明星嘉宾担任实习老师，陪伴同学们成长。

《一年级·小学季》，于 2014 年 10 月 17 日起每周五晚 22：00 在湖南卫视播出，由陈学冬、宋佳分别担任实习班主任和实习生活老师，已于 2014 年 12 月 26 日结束课程。

《一年级·大学季》，由湖南卫视联手上海戏剧学院，以全新视角记录更为绚丽青春的上海戏剧学院大一新生学习生活，佟大为、袁姗姗、刘芸、黄志忠担任明星老师，于 2015 年 10 月 31 日起每周六晚 22：00 在湖南卫视播出，已于 2016 年 1 月 16 日结束课程。

《一年级·毕业季》，由湖南卫视再次联手上海戏剧学院，四位明星导师陈建斌、娄艺潇、张智霖、袁咏仪分别带领上海戏剧学院毕业班学生 VS 人气旁听生组成明星预科班，经过三大阶段、八次甄别，角逐毕业大戏公演，于 2016 年 10 月 22 日起每周六 22：00 在湖南卫视播出，已于 2017 年 1 月 14 日结束课程。

湖南卫视原创教育类节目《一年级》在综艺节目领域中，《一年级》IP 是一个非常独特的存在。第一季《一年级·小学季》关注的是刚及学龄的小学一年级学生，而第二季《一年级·大学季》关注的是刚跨入大学校

• 文育IP •

园的大一新生,刚播出的第三季《一年级·毕业季》,节目关注的又变成了即将毕业踏入职场与社会的毕业季学生。"一年级"这个本土原创IP虽然每次都能进行自我颠覆,但这种颠覆式创新却总能给观众带来惊喜。

《一年级》最大的特点在于,尽管都是采取纪实手法,但在镜头下被记录的人群却截然不同。第一季《一年级》采用的是"明星老师+萌娃学童"的模式,镜头里是一群呆萌可爱的小学一年级新生。到了第二季,采用的是"明星老师+素人学生"的模式,记录上海戏剧学院大一新生的学习和生活。而到了第三季的《一年级》这个本来有着确定含义的名词开始变得更为模糊,也更为丰富。模糊的是,一年级的具体到底是什么?如果大学一年级和小学一年级在词语上还有着微小的联系的话,那么毕业季和大学季、大一与大四之间甚至词语上的亲缘性也很难被寻觅了。可以说,毕业季的概念已经完全脱离了"一年级"原本的含义。

然而,现在看来,"一年级"概念的模糊反而展现了"一年级"的可塑性。事实上,节目组令这个词语的含义更为泛化了,并且指向了每一个体所必然面对的本体性问题——选择。

作为一档综艺类的教育节目,《一年级》的成功不是没有原因的。

毫无疑问,《一年级》好看,首先在于它的新闻性。它是一部电视镜头直抵现场的新闻纪实作品。陈学冬、宋佳两个实习老师和一班36个小学生,24小时的一举一动,除去一些隐私间隙,无遮掩、无修饰地暴露在观众面前,没有情境虚拟,也没有台本编排,一切按时间程序走、按生活真节奏走。所以我们才看到了马皓轩等萌娃们不守规矩,把教室当成游乐场,各种捣乱,令人头疼的行为,也看到了陈学冬、宋佳两个实习老师的欢笑和眼泪。

从两期《一年级》节目播出来看,节目严格按照现实中的时间轴来进行拍摄,其实就是"报道"陈学冬、宋佳两个实习老师和36个小学生身上的事。其过程里,有明星对实习老师这个身份的陌生与无措,压力重重,有一年级新生第一次离开父母,走入寄宿学校开始真正的学习生活,产生的新鲜、恐惧。学童、实习老师生活在一起,许多真实细节带动真实情感。新闻的五个要素,在《一年级》中都能找出来,加之"新闻内容"的鲜活,所以《一年级》一登场,就吸引了大家眼球,并成为人们津津乐道的新话题。

《一年级》的播出符合当下我们的教育契机和文化,用最真实的场景来还原一个教育现状,才能让家长和孩子们产生共鸣。

《一年级》的意义里,亲子教育和学校教育是自然的话题。从几期节目来看,这档新节目就已经直击多层社会话题教育意义深刻。早前的《爸爸去哪儿》传递的是一份父子之间的情感和家庭温情价值观,更早前的《变形计》传递的是对叛逆阶段孩子的改造手段,而在《一年级·大学季》里,是在探索对现在的"00后"们究竟该如何教育和引导。

节目所呈现出的正是在表演艺术的华丽外壳之下,一个有关教育的核心命题,那就是健全人格的培养,简而言之,就是做人的问题,也是我们

● 文育 IP ●

中华文化的根基问题。

从 2014 年关注学龄儿童的第一季到 2015 年聚焦大一新生的《一年级·大学季》再到《一年级·毕业季》，教育始终是《一年级》系列节目的灵魂和主旨。而这恰恰也是《一年级》成功的关键。因为不管是聚焦哪个年龄阶段，如何做人都是教育的核心命题。基于此，《一年级》也就有了区别于其他偶像养成类节目的安身立命的根本。

《一年级》综艺节目总导演徐晴曾表示，"我一直用勿忘初心来鼓励自己和我的团队，我们希望将教育做成带有梦幻色彩的东西，通过节目倡导一种美好和希望"。

在替身横行、流量刷脸等乱象丛生的演艺圈中，我们在《一年级·毕业季》中这些即将踏入或者已经踏入演艺圈的新人们身上，看到了"授予学生戏剧专门知识与技能"的过程，更看到"训练他们如何做人"中的泪水与成长，看到了总导演徐晴口中属于教育的"梦幻色彩"，以及演艺圈应有的戏骨良心。

做节目如此，做教育更应该如此。只有在泛滥的教育 IP 里，打造出真正能走心的节目，真正落实到"情怀和教育"的点上，才能脱颖而出。

教育核心是讲故事的能力

《故事中的孩子》是在公众号火热起来以后，打造儿童亲子阅读品类中的新进黑马。

在内容创业的垂直领域，儿童教育创业作为其中之一，竞争也很激烈。这类创业项目的最大特点是关联了两代人，即真正的内容消费者是儿童，而直接使用者却是父母。尤其对于故事类的教育产品，更要兼顾家长和孩子，往往读故事的人是家长，听故事的是孩子。这就要求产品设计理念要以儿童教育为中心，运营推广要充分考虑成年父母群体特征与需求。正因为如此，《故事中的孩子》在打造公众号的时候，才做到了吸引用户。

《故事中的孩子》里的内容迎合了目前的市场需求，满足了儿童教育需求。针对新兴需求而开发出的新兴内容消费模式与传统意义上的儿童教育相比更加适应社会的发展。传统的儿童教育中机械性地重复说教和单一化的场景使用，对于幼儿本身来讲是一件枯燥的事情，而将教育转化成"有声故事"的形式，每一篇小故事都能变成一个有声读物，搭配有趣的音乐、好玩的故事，更能吸引孩子的学习兴趣，减轻了家长的教育负担。

随着教育理念的推广，孩子从小阅读的重要性受到重视，提倡孩子要"喂故事长大"，所以，打造讲故事的APP或IP就显得很合时宜。《故事

• 文育IP •

中的孩子》与以"呵护童心"为主打核心的《凯叔讲故事》相同，故事中的孩子也有自己的理念——"用每一个睡前故事来传递爱"。这也是《故事中的孩子》能在竞争激烈的儿童教育内容创业领域获得青睐的原因，每个家长都想给自己的孩子更多的陪伴和更好的童年。

音频相对于图文有着更快的进入方式，用户越快进入状态，就会越快放弃深度思考，他们获取的信息量大了，对于公众号运营者的情感投射就会越来越强烈。每晚八点的固定时间这一细节，一方面是研究分析了实际生活场景得出的判断，下班吃完饭进入亲子时间，这个时间点的推送最大程度地保证了用户体验；另一方面固定时间推送更是强调了情感投射，培养了听众的阅读习惯。

全方位的差异化造就了故事中的孩子这一儿童教育品牌的与众不同，在日趋激烈的内容创业领域成功地占据了属于自己的一席之地。据悉，故事中的孩子创立之初就瞄准了更大的市场，由公众号有声故事、视频开始，逐步试水全产业链布局。《故事中的孩子》之所以能够成功，还在于以下几个方面：

首先，传统儿童教育产品已不能满足新兴需求。一方面，由于社会的发展，人们内容消费开始升级，变得多样化，儿童新型内容消费需求巨大，传统的儿童内容读物已经不能满足家长对于儿童的教育需求，现在的儿童消费更加倾向于新媒体和新兴模式。另一方面，由于繁忙的工作导致家长陪伴孩子的时间减少，家长们更倾向于利用碎片化时间与孩子相处、教育、沟通。

其次，新兴需求造就儿童教育内容新市场。《故事中的孩子》将当下最流行的两点元素："绘本+音频"结合起来，为孩子们描绘出了更匹配的使用场景。其中，绘本作为国际公认的最适合幼儿阅读的图书，不仅能学知识，而且可以全面帮助孩子建构精神，培养多元智能。全方位的差异化造就了故事中的孩子这一儿童教育品牌的与众不同，在日趋激烈的内容创业领域成功地占据了属于自己的一席之地。

自媒体助阵动画 IP 新打法

《凯叔讲故事》最早成长起来靠的是自媒体，但是，其早已超越了自媒体范畴，成为中国最大的互联网亲子故事品牌。

《凯叔讲故事》被称为睡前故事、哄睡神器，为宝贝们讲优质的儿童绘本故事，微信公众账号、微博账号每两天一个新故事，听故事画画的"画剧"等活动为宝贝提供展示平台，每个故事都有一问，宝贝回答将会展示在下一个故事中，更多互动活动让宝贝大胆展示自我。故事需要传递正能量帮助宝贝塑造健康的人格，凯叔给宝贝们讲故事，每一个故事都是一次旅行。另有微信小程序"凯叔故事"。

目前中国的大环境是，学校教育和素质教育出现断层，越来越多的家

• 文育 IP •

长迫切地需要素质教育相关的课程。这些素质教育不仅包括才艺，还包括了情商、智商、财商等内在教育。用故事启发孩子的情商、智商是一条非常方便的途径。

在中央电视台经济频道主持《财富故事会》时，《凯叔讲故事》创始人王凯就有了创业的冲动。2012年王凯在中央电视台创办了一个"爱心衣橱"公益活动，大获成功，但当时对自己做主持并不满意，从中央电视台辞职。有次出差，《凯叔讲故事》录了一段睡前故事放在家给孩子听，结果亲朋好友在无意中发现了，纷纷索要，许多名人也慕名求取，当时他意识到，"哄睡"是中国2.5亿适龄家长用户的刚性需求。

王凯是这样说自己运营讲故事平台的：我这个产品本身是偶然之得，我闺女守着我这么一个会讲故事的爸爸，一天到晚缠着我讲故事，一天我得讲3~5个故事。我给她讲的故事，是经过了一次筛选的，到底什么样的故事适合她这个年龄听。我在给她讲故事的时候，我能够体会到她的呼吸，她是不是在跟着我故事的节奏走。哪一个故事让她悲伤了，哪一个故事让她快乐了，哪一个故事她再也不想听了，转过头来，我把我认为这一天当中讲得最好的故事放在网络上，放在微博上分享。之后，很多妈妈就迅速聚集在一起，觉得故事非常好。因为不像其他讲故事的节目，搭配着很噪的音乐，而完全是一个父亲面对孩子的口吻："宝贝怎么样？今天讲一个故事。"

后来我觉得这个事比较有意思，然后就放到微信上，我们想把它做成一个产品。做成产品的时候，不断地和我们的用户去互动。而互联网精神能够让你的产品不断地进步，越来越贴近你的用户。比如说，好多家长投诉了：凯叔，你的故事是好，但是有一个问题，我们给孩子讲故事，一般晚上睡前讲，要求有助眠功能的。但是，孩子听完你的故事，越来越兴奋，还要再听一遍，或者想要再听一个新的故事，我们怎么办？白天我们又没有时间，孩子在学校在幼儿园。我当时就在想，我要把孩子讲睡着了，这是对我的一种侮辱。怎么办？于是我就想了一个办法，每次讲完故事之后，我就在里面说，宝贝现在把眼睛闭上，听凯叔给你读一首诗。读的肯定不是平常家长教孩子的白日依山尽那种孩子会背的诗，稍微深一点的，每天连读五遍，每一遍比上一遍声音要弱一点。

一个星期这首诗不换，故事换。当我们第一天做这个实验的时候，微信后台爆棚了，所有的家长都知道你干什么，都知道你想干什么。然后一周之后，很多家长在后台说，凯叔我真的没想到，我不知道孩子是否在认真听，反正是听着就睡着了，但是一周之后，这首诗会背了。一年52首诗对于孩子来说一点儿问题都没有，这就是定制。

随着公众号故事的知名度越来越大，凯叔打造的公众号已经不限于读故事，内容较之前分为四大块——读、玩、听、课。

读：一篇深度教育文章。

玩：推荐给父母或组织家庭去适合孩子游玩的地方，拉近亲子关系。

听：语音播出成语故事、中国传统故事，粉丝免费听。

课：介绍一些父母课程，例如，儿童摄影、儿童理财、幼儿推拿。

内容做好不容易，如何让好内容变现就更不容易了。凯叔讲故事的商业模式是这样的：

首先，付费内容的诞生，也是通过 MVP 在社群里实验，通过不断的检测发现，不管是男孩子还是女孩子或是家长都喜欢讲西游记，大家愿望那么强烈，是否讲西游记就可以收费呢，实验之后，80% 的用户愿意付费，《凯叔西游记》打包装在一个铁盒子里，里面有玩偶、绘本、U 盘，卖 250 元，后来在用户强烈要求下，减了一块钱，卖了三万套。这应该算是卖得最贵的音频。

其次，内容到产品的商业化之路。2014 年，凯叔做了一个"失控儿童节"的活动，利用"凯叔讲故事""凯叔曰""罗辑思维"三个社群进行众筹，15 天众筹了 30 万元，使凯叔确定了故事确实能打动小孩和家长。后来有一个妈妈找到凯叔，跟他说可以办一个凯叔绘本馆，想让孩子们翻开书就能听到凯叔讲故事的声音。于是继续通过众筹创办了"凯叔书屋"，由西典集团免费设计、小米公司提供小米电视、中国少年儿童出版社和果壳阅读提供免费书籍，吸引了很多北京家长到线下体验。

从这两点来看，凯叔的产品涉及面广而密，分成了不同适用场景来满足用户需求。

再次，让实验数据帮着做决策。凯叔说，在决定做视频节目之前，也做了一系列的实验。听故事本身是有场景的，每天的播放曲线，晚上 8 点半到 10 点半是巨大的高峰，这个时间段不管是家长还是孩子时间充裕，通过产品去满足它，但看一个产品呢，比如讲西游记，孩子为什么在镜头前听你一个人讲西游记呢，为什么要听，为什么要看，凯叔团队做了测试，不敢投入太多。

最开始是在民居拿两机位拍出来的，拍出来之后给小伙伴、铁杆用户看，看他们喜不喜欢。反馈结果是特别喜欢，既然孩子喜欢，凯叔团队进一步做了测试，于是做了第二个 MVP——通过用户表情识别来观察孩子们对于故事视频的情绪反应。最后，在经过了大量测试之后，凯叔就做了一个重大决定，原来做节目打算做周播，后来干脆做日播。因为有了之前的这些测试，我现在一年至少拿出 1200 万元投入到这个节目当中做日播，如果现场有做电视节目的朋友，就知道由周播跨越到日播这个团队要花费多大的心力和决心，如果没有之前的测试我是不敢做的。

这个节目在卡酷卫视面向全国播出，播了一周，收视率是 0.72，收视份额是 4.54，也就是说当时如果有 100 台电视开着，有 4.54 台电视在收看《凯叔讲故事》。这就是最终经过一轮 MVP 测试之后做的决策投入出来的产品。

最后，选择单点突破。凯叔用西游记作为重磅内容，切入喜欢听故事的小孩群体，将势能聚焦在中国经典故事上，研究最受中国小朋友们喜欢的《西游记》，就形成了很大的杀伤力，爆破出一个缺口来，通过这款产品吸引了巨大流量。之所以选择做《西游记》，更多的是来自于用户留言，很多人希望凯叔能讲《西游记》的故事，通过分析后确定把它做成爆款。

凯叔表示，其实互联网公司的发展轨迹都差不多，在创业之初，团队会付出大量的时间成本去打磨产品，用户一直处于一个平稳的增长期，但是当用户积累到一定的程度后，会迎来一个拐点，这个时候口碑效应开始显现，用户之间进行自发的传播，口碑开始爆发，随后走上快速发展的阶段。

但最关键的是，在这个拐点来临之前，团队应该做什么，这段静默期的所作所为将会决定你的产品未来所能达到的高度。

有许多团队在这段静默期中选择打造概念，或者研究商业模式，但是在凯叔讲故事的静默期中，整个团队专注打造音频产品，正是因为这份专注才让《凯叔讲故事》取得了今天的成绩。简单造就专注，而专注才能成功。

教育 IP 也要私人定制

2016 年 12 月，国务院印发了《"十三五"国家信息化规划》，提出"在线教育普惠行动"项目，提出利用信息化手段不断扩大优质教育资源覆盖面，以构建网络化、数字化、个性化、终身化的教育体系，建设学习型社会。在践行教育公平、实现惠普教育方面，在线教育有着天然的优势。在线教育可以说是惠普教育的最佳选择。

沪江 CCtalk 平台，作为直播互动的教育云平台，通过平台、工具、运营三位一体，为网师赋能——助力线下优质名师打造个人 IP，同时通过社群等组织结构形式有效完善平台教育生态。

展望未来，人工智能在未来的教育领域将承担更多职责，主要有两个方面：一是提升老师的效率，二是解决学生的个性化需求。对于教育企业来说，人工智能时代的在线教育将成为弯道超车的好机会。通过技术，教育平台有机会实现更好的体验和更大范围的链接。

沪江是国内最早从事互联网教育的企业，经过 16 年发展，已经形成包括学习资讯、学习工具、社群学习平台和优质课程平台四大业务体系，涵盖升学、留学（课程）、语言、中小幼、职场、兴趣等丰富内容，目前用户超过 1.5 亿，移动用户超过 1.2 亿。

在此之前，作为尚刻的前身，沪江版权事业部已联手百余家全球出版机构在数字业务方面博采众长。国际出版巨擘圣智学习集团、剑桥大学出版社、牛津大学出版社、麦格劳希尔教育集团、哈珀柯林斯集团、霍顿·米夫林哈考特集团先后与沪江达成出版领域的合作。

新成立的尚刻专注于为传统教育出版单位提供在线整体解决方案，挖掘 IP 价值，盘活存量市场，深度融合优质教育内容与互联网技术，进行多元化的版权运营，同时将成熟的原创数字内容进行逆向出版尝试。

沪江合伙人、副总裁，尚刻 CEO 常智韬称，背靠沪江海量的名师课程

• 文育 IP •

以及和国内外 100 多家知名出版社的合作经历，尚刻有着丰富的 IP 运营经验和资源。此外，沪江亿级的用户又为版权提供了很好的推广和消化渠道。

多元开发深挖教育 IP 价值。在版权开发方面，尚刻主张多元联动，深挖教育 IP 价值。

尚刻横向联动开发利用好版权，帮助出版社和版权所有者实现"一个版权，多元开发"。目前与传统出版社展开的合作形式主要为"纸质图书、在线课程、移动应用"三者互相结合促进转化的形式，即出版社和尚刻合作把优质的图书内容开发成在线课程和移动学习产品，购买图书的用户可以下载与图书相配套的学习应用，也可以选择继续购买学习与出版教材配套的网络课程。出版社则可以通过互联网的方式收集到用户的学习数据，为图书的再版提供帮助和依据。

以尚刻主打产品为例，尚刻联手有着美国"人教社"之称的霍顿·米夫林·哈考特出版集团（HMHG），引进了美国小学三大英语（精品课）教材之一 Journeys 的配套分期读物，对其进行多元开发。这套教材及分级读物目前已经被国内上百所国际学校采用，在家长间享有极高的知名度。在尚刻开发的产品中，初始用户登录后将先进行英语能力测评，实现"千人千面"的分级阅读。微课环节采用"中文讲解+真人外教"的模式，模块灵活，轻松愉快。而在电子书版块则配套小 D 查词、定位播放、音频下载、译文显示和卡片式学习，打造多层次的阅读体验。

沪江还将利用专项网师扶持基金、逆向出版等多元手段，进一步为"网师"在资金、流量、运营服务等方面进行赋能，帮助更多的网师实现IP价值最大化，最终实现与CCtalk一起重新定义在线课堂，共建未来教育生态圈和教育平台。

参考文献

[1] 维克托·迈尔—舍恩伯格，肯尼思·库克耶. 与大数据同行——学习和教育的未来 [M]. 上海：华东师范大学出版社，2015.

[2] 吴声. 超级 IP：互联网新物种方法论 [M]. 北京：中信出版集团，2016.

[3] 王晨，刘男. 互联网+教育：移动互联网时代的教育大变革 [M]. 北京：中国经济出版社，2015.

[4] 汤敏. 慕课革命：互联网如何变革教育 [M]. 北京：中信出版集团，2015.

后　记

置身新经济时代，在迫切需要对中华文化发扬光大的今天，虽然 IP 的重要性有目共睹且与日俱增，但很多投资者和教育者对其的认识和理解仍然比较薄弱，还停留在做内容，然后经营，最后变现的阶段。然而教育 IP 对于教育的价值、商业的价值，传承的价值却远不止于此，中国传统文化、爱国精神、人文思想、教育理念、文化融合及人类命运共同体打造，需要我们承担自己的责任和担当。我们还可以深层次挖掘 IP 的多重价值和潜力，从而打造教育的未来。

● 发掘 IP 多重价值

第一，IP 的竞争价值和商品价值。IP 在法律概念上具有垄断性，例如，获得一项专利权即可排除其他人进入该专利产品市场，持有一项注册商标专用权也自然有权排除其他人在相同或类似商品上注册或使用相同或近似的商标。对于驰名商标而言，这种垄断性甚至可以扩张到不相同或不类似商品之上。权利人一旦发现有任何人未经许可生产其专利产品、使用其专利方法或在相同或类似商品上使用与其注册商标相同或近似的标识，即可以通过行政、司法等途径对该非法使用行为进行查处或者禁止其继续侵权。

做教育如果能够积极利用 IP 的这一特性，做好内容、传播和推广，那么，对于孩子来说就能及早接触到更优质的教育内容，从而自主自发去宣传和推动一个好的教育 IP 的发展。教育 IP 的核心依然是内容品质，强调内容 IP，内容创作者不仅有单个的名师也包括可以产生内容的机构。通过与行业名师、覆盖全行业教育机构的深度合作，有利于教育 IP 的多元化发展。

第二，好的 IP 具有担保价值和资本价值。像有形资产一样，IP 也可以作为担保物，凯叔为何能融到几千万元的资金，源于他打造了一款非常经典的教育 IP，风投们可以看到未来和回报。所以，好的 IP 可以抵押以获得银行贷款，从而实现 IP 的融资功能。尤其是对于实物资产比较少的企业来说，其拥有的核心技术、具有较高价值的品牌、软件著作权等便是其获取金融资本以促进自身快速发展的重要工具。

具有商业价值的 IP 还可以吸引对企业的投资，引入外来投资者出资入股，以扩张企业的资本规模，扩大产品开发和销售，在市场中取得较高的份额并占据领先位置。近年来发展得如火如荼的投资公司、私募基金等都非常关注被投资人是否拥有核心技术及其未来的商业价值。同样，IP 也是企业的一种重要资本工具，比如企业以 IP 出资入股，取得入股公司的股份。这样便可以在低资金或无资金投入的情况下，以股东和管理者的身份参与入股公司的管理和运营，取得投资回报，同时也扩大了自身的规模和资本控制力。企业可以结合自身规模和实力以及发展战略，灵活发挥 IP 的融资和出资功能，以无形资产为杠杆和资本工具来获取更多的资本和资源，推动企业的发展和壮大。

• 依托 IP，打造教育未来

进行创新并获得 IP 本身并不是目的，用以推动 IP 自身的发展，达到育化和传播，并能带给孩子们实际的帮助和提高才是教育 IP 的价值所在。数字内容加上教育 IP，如何实现教育 IP 价值、走通商业化是问题的关键。在优质内容基础上开放的 IP 才具有生命力。同时，教育 IP 价值的最大化需要考虑渠道，这是运营成本和盈利不可或缺的重要因素。

未来的教育应该是线上教育、线下教育、面对面教学等相互融合，最终目的是为学习者提供最好的教育解决方案，尊重教育规律，坚持教育本质，服务学生学习。同时，要考虑教育 IP 是怎么打造人格化，品牌化 IP。

从机构的角度来说，应该考虑课程设计，服务体验的人格化。资源最贵，资源也最贱，互联网已经把获取资源的渠道都铺平了，一马平川到用户既难以选择，又可以极低成本的切换选择，一旦发现真正满意的资源，那么用户的忠诚度非常高，并愿意付出更高的成本。做教育 IP 应该花时间去研究教学方法、课程设计、人格化表达、场景化铺垫、游戏化教学、用户交互。而渠道营销，做个 SEO，买个关键词，做个宣讲会已经不适用现在的市场，现在分发渠道那么多，还都免费，真正好的资源是一石激起千层浪，没有竞争力的资源就是石沉大海。